CRISE CLIMÁTICA
E O GREEN NEW
DEAL GLOBAL

Título original em inglês
Climate Crisis and the Global Green New Deal

Primeira edição em inglês publicada pela Verso Books, Inglaterra e Estados Unidos, em 2020.

© Noam Chomsky, Robert Pollin, C. J. Polychroniou 2020

Coordenação editorial
Juliana Farias | Laura Di Pietro

Preparação
Juliana Bitelli

Revisão
Cacilda Guerra
Eloah Pina

Projeto gráfico e diagramação
Valquíria Palma

Este livro atende às normas do Novo Acordo Ortográfico, em vigor desde janeiro de 2009.

[2020]
Todos os direitos desta edição reservados à
Editora Roça Nova Ltda
+55 21 997860747
editora@rocanova.com.br
www.rocanova.com.br

CRISE CLIMÁTICA E O GREEN NEW DEAL GLOBAL

A economia política para salvar o planeta

Noam Chomsky e Robert Pollin

com C. J. Polychroniou

——— *Tradução* Bruno Cobalchini Mattos ———

roça nova
EDITORA

Dados internacionais de Catalogação-na-Publicação (CIP)

C548c

Chomsky, Noam, 1928-
 Crise climática e o Green New Deal global: a economia política para salvar o planeta / Noam Chomsky e Robert Pollin ; tradutor: Bruno Cobalchini Mattos. — 1. ed. — Rio de Janeiro : Roça Nova, 2020.
 224 p. ; 21 cm.

Tradução de: Climate crisis and the global green new deal : the political economy of saving the planet.

ISBN 978-65-87796-06-2

 1. Movimento ecológico — Aspectos políticos.
2. Movimento ecológico — Aspectos econômicos.
3. Mudanças climáticas — Aspectos políticos.
4. Mudanças climáticas — Aspectos econômicos.
5. Capitalismo — Aspectos ambientais. I. Pollin, Robert, 1950- II. Mattos, Bruno Cobalchini
III. Título.

CDD 363.738746

Roberta Maria de O. V. da Costa — Bibliotecária CRB-7 5587

SUMÁRIO

Introdução, por C. J. Polychroniou — 7

1. A natureza das mudanças climáticas — 15
2. Capitalismo e a crise climática — 60
3. Um Green New Deal global — 101
4. Mobilização política para salvar o planeta — 173

Apêndice — 199

Notas de fim — 203

Introdução

Desde as origens da ordem social civilizada, a espécie humana tem se deparado com uma vasta gama de desafios severos e ameaças mortíferas, que variam de ondas de fome e desastres naturais (enchentes, terremotos, erupções vulcânicas e assim por diante) a guerras e escravidão. Na primeira metade do século XX, a humanidade passou por duas guerras mundiais e testemunhou a ascensão do maior regime genocida da história. Durante a segunda metade desse mesmo século, convivemos com a ameaça da aniquilação nuclear pairando sobre nossas cabeças como a espada de Dâmocles. No momento em que escrevo este texto, em abril de 2020, enfrentamos a pandemia global de Covid-19 e o colapso econômico que a acompanha. A esta altura, ninguém sabe quantas pessoas morrerão em decorrência da pandemia. Tampouco podemos saber a severidade da recessão que virá a seguir. Os sinais apontam para uma crise pelo menos tão severa quanto a Grande Recessão de 2007–2009, talvez comparável à Grande Depressão dos anos 1930.

No entanto, é possível argumentar com solidez que a humanidade tem, nas mudanças climáticas, sua maior crise existencial de todos os tempos. Em outras palavras, o dióxido de carbono e outros gases de efeito estufa, resultantes sobretudo da queima de petróleo, carvão e gás natural para a geração de energia, estão elevando as temperaturas médias em todas as regiões do globo. Dentre as consequências do aquecimento do planeta, podemos listar a maior incidência de ondas extremas de calor, chuvas fortes, secas, elevação dos níveis dos oceanos, perda de biodiversidade, e os impactos correspondentes sobre a saúde, subsistência, segurança alimentar, disponibilidade de água e segurança humana. Ao mesmo tempo, o negacionismo climático exerce forte influência sobre boa parte da humanidade, especialmente nos Estados Unidos. Isso se deve, em parte, à incansável máquina de propaganda da indústria de combustíveis fósseis e as suas campanhas de teor obscurantista ao longo de décadas. O fenômeno também está ligado à improvável chegada de Donald Trump, o grande chefe dos negacionistas climáticos, à Casa Branca, após sua vitória nas eleições de novembro de 2016 contra a candidata Hillary Clinton. O presidente estadunidense chegou ao ponto de declarar que o aquecimento global era uma "farsa", retirando o país do Acordo de Paris sobre o clima, assinado em 2015 por 195 países — incluindo os Estados Unidos, então sob liderança de Barack Obama.

    Ainda assim, não podemos negar que as pessoas que rechaçam a realidade do aquecimento global talvez o façam pelo medo do desconhecido e da potencial redução de postos de trabalho. Justamente por isso, é fundamental que qualquer plano eficaz de combate à crise climática inclua medidas para garantir que os trabalhadores possam fazer uma transição justa para uma economia livre de carbono. Para sermos mais específicos, qualquer versão do tão discutido projeto Green New Deal deve incluir as seguintes prioridades:

1. As reduções de emissão de gases do efeito estufa deverão atingir, no mínimo, as metas estabelecidas em 2018 pelo Painel Intergovernamental sobre Mudanças Climáticas (IPCC, na sigla em inglês), a saber, uma redução de 45 por cento das emissões globais até 2030 e emissão zero até 2050.
2. Investimentos para ampliar drasticamente os padrões de eficiência energética e o fornecimento de energia solar, eólica ou de outras fontes renováveis serão linha de frente na transição para uma economia verde em todas as partes do mundo.
3. A transição para uma economia verde não deverá expor os trabalhadores da indústria de combustíveis fósseis e outros grupos vulneráveis aos males do desemprego e à angústia da insegurança econômica.
4. O crescimento econômico deve seguir uma trajetória de igualdade e sustentabilidade de modo que a estabilização ande de mãos dadas com outras metas de igual importância, como a expansão de oportunidades de trabalho e a elevação em massa dos padrões de vida de trabalhadores e de populações pobres no mundo todo.

Um Green New Deal global que inclua essas quatro prioridades é, em realidade, a única solução viável disponível, se quisermos evitar as consequências catastróficas da elevação duradoura das temperaturas médias globais.

Dada a ausência de um programa coerente de Green New Deal nos moldes apresentados, todas as cúpulas internacionais do clima ocorridas até agora, incluindo a COP25, de Madri, organizada pela ONU em dezembro de 2019, fracassaram diante do desafio de colocar o mundo em uma rota viável de estabilização do clima. Mesmo a tão celebrada COP21, de 2015, ocorrida em Paris, teve como resultado principal uma nova rodada de inação ritualística. Frente a esses fracassos, a Terra já está um grau mais quente do que era no período pré-industrial, e deve atingir a marca de 1,5°C dentro de uma ou duas décadas.

As consequências catastróficas que essas mudanças climáticas trarão, se nada for feito, são analisadas em detalhe neste livro por seus dois autores, Noam Chomsky e Robert Pollin. Noam Chomsky, como bem se sabe, tem sido o principal intelectual público do mundo há mais de meio século. Ele é também o pai da linguística moderna. Seu trabalho nesse campo teve imensa influência em diversas outras áreas do conhecimento, como a matemática, a filosofia, a psicologia e a ciência da computação. Robert Pollin, por sua vez, é economista progressista de renome internacional que há mais de uma década atua como líder na luta em defesa de uma economia verde e igualitária. Pollin é autor de inúmeras publicações importantes, além de responsável por estudos comissionados para a implementação de programas de Green New Deal em vários países do mundo e em muitos estados dos Estados Unidos. O economista também foi consultor do Departamento de Energia estadunidense para a execução de iniciativas verdes no contexto do American

Recovery and Reinvestment Act [Ato de Recuperação e de Reinvestimento Estadunidense] de 2009, o programa de estímulo econômico de Obama que incluiu investimentos de 90 bilhões de dólares em energia renovável e eficiência energética.

O programa de um Green New Deal global que Pollin delineia neste volume conta com forte apoio de Chomsky. Pollin demonstra como, pensando apenas em termos de empecilhos técnicos e econômicos a serem superados, é possível atender prontamente aos quatro critérios listados anteriormente. Além de todos os desafios mencionados, será preciso lidar com o maior de todos os obstáculos para o sucesso do projeto: articular a vontade política necessária para derrotar os gigantescos interesses e recursos da indústria global de combustíveis fósseis.

Este livro é apresentado em quatro capítulos. O capítulo 1, intitulado "A natureza das mudanças climáticas", começa por situar o desafio que é o aquecimento global em relação às demais crises enfrentadas pela humanidade no passado. Em seguida, os autores oferecem, em detalhes, críticas a respeito de um conjunto de questões centrais, como o porquê de as propostas de enfrentamento da crise climática orientadas em torno dos mercados estarem fadadas ao fracasso, e o porquê de as alternativas à agroindústria serem de imensa importância se quisermos encontrar um caminho viável de estabilização do clima. O capítulo 2, "Capitalismo e a crise climática", apresenta discussões teóricas e empíricas bastante claras a respeito das conexões entre capitalismo, destruição ambiental e crise climática. A seção também oferece *insights* valiosos para discutirmos se é possível conciliar a vampiresca fome de lucro dos capitalistas com a necessidade de equilibrar o clima, além de investigar os motivos de, até o momento, a ação política ter falhado na hora de mostrar avanços significativos no combate à crise. O capítulo 3, "Um Green New Deal global", dedica-se à descrição do programa necessário a uma transição bem-sucedida para uma economia verde. Pollin expõe, em traços gerais, o que um Green New Deal deve incluir em seu escopo e como ele pode ser financiado; descreve como podemos fazer desse programa um baluarte contra o aumento contínuo da desigualdade que tem caracterizado os quarenta anos de neoliberalismo no mundo todo, e ainda oferece uma análise crítica do plano que a própria União Europeia batizou de "Green Deal europeu". Na sequência, Chomsky encerra o capítulo examinando um cenário dantesco em que se prevê que milhões de pessoas do sul global tentarão migrar para os países de alta renda do norte, como resultado da intensificação dos efeitos catastróficos do aquecimento global nessa porção do globo. Por fim, o quarto e último capítulo, intitulado "Mobilização política para salvar o planeta", discute, entre outras questões, as maneiras como a crise climática pode alterar o equilíbrio de poder global, o potencial do ecossocialismo enquanto visão político-ideológica de reunir pessoas em torno de um esforço comum, o de criar um futuro verde, e as conexões entre as mudanças climáticas e a pandemia de Covid-19, que acomete o mundo no ano de 2020. A questão principal, que permeia todo o último capítulo, é também a mais essencial: o que é preciso fazer para gerar uma mobilização política em prol de um Green New Deal global? A meu ver, este pequeno livro, que o leitor agora tem em mãos, é de extrema importância. Ele deve estimular reflexões em indivíduos de todas as esferas: acadêmicos, ativistas ou leigos. Obviamente, ele é uma modesta contribuição para um diálogo público que deve crescer até alcançar todos os âmbitos da sociedade em todas as regiões do planeta. Levar esse diálogo adiante, nem que seja somente um pouco, é o mínimo que devemos fazer pelas próximas gerações. Com isso em mente, dedico meu mais sincero agradecimento a Noam Chomsky e a Robert Pollin por me permitirem viajar com eles nessa jornada, ajudando a informar o público sobre o que podemos fazer para salvar o planeta.

C. J. Polychroniou
Abril de 2020

1.
A natureza das mudanças climáticas

Ao longo das últimas décadas, o desafio das mudanças climáticas se impôs, possivelmente, como a maior crise existencial já enfrentada pela humanidade, mas, ao mesmo tempo, como a questão pública de mais difícil resolução para os governos do mundo todo. Noam, em vista do que sabemos até agora sobre a ciência das mudanças climáticas, como você resumiria esta crise em relação às demais adversidades que a humanidade enfrentou no passado?[1]

Noam Chomsky: Não podemos negligenciar o fato de que hoje, nós, humanos, enfrentamos problemas extraordinários e radicalmente distintos de qualquer outro surgido antes em nossa história. Precisamos encontrar uma maneira de responder se a sociedade humana organizada poderá sobreviver em alguma forma reconhecível e não podemos mais postergar essa resposta.

As tarefas que temos pela frente são, de fato, novas e árduas. A história fornece um rico registro de guerras horrendas, torturas indescritíveis, massacres e todas as violações imagináveis de direitos fundamentais. No entanto, essa ameaça de destruição de qualquer forma tolerável ou reconhecível de vida humana organizada é algo totalmente inédito. Só será possível superá-la por meio de um esforço comum, com engajamento do mundo inteiro, muito embora, é óbvio, as responsabilidades sejam proporcionais às capacidades, e, a partir dos mais básicos preceitos morais, uma responsabilidade maior deva recair sobre os grandes causadores das crises ao longo dos séculos, aqueles que criaram em seu processo de enriquecimento um destino sombrio para a humanidade.

Essas questões foram colocadas em cena de forma escancarada em 6 de agosto de 1945. Embora a bomba de Hiroshima, apesar de suas horríveis consequências, não tenha ameaçado por si só a sobrevivência humana, ali ficou claro que o gênio havia saído da garrafa e que os desenvolvimentos tecnológicos logo trariam essa ameaça — como também aconteceu em 1953, com a explosão das primeiras armas termonucleares. Isso levou a organização do Bulletin of the Atomic Scientists a ajustar seu Relógio do Juízo Final,[2] como é conhecido, em dois minutos para a meia-noite (horário que representa a destruição global), indicador pavoroso ao qual retornaria após o primeiro ano de Trump no governo, quando o Bulletin descreveu o período seguinte como "o novo anormal".[3] Descrição precipitada. Em janeiro de 2020, em grande parte graças à liderança de Trump, o relógio foi reajustado para o ponto mais próximo da meia-noite até hoje: cem segundos. Trocamos os minutos por segundos. Não entrarei nos detalhes deste recorde nefasto, mas quem fizer isso perceberá que é quase um milagre termos sobrevivido até aqui, e que agora a corrida rumo à autodestruição se acelera. Houve esforços para evitar o pior, com algum grau de sucesso. Merecem destaque quatro grandes tratados de controle armamentista: o Tratado sobre Mísseis Antibalísticos (ABM), o Tratado de Forças Nucleares de Alcance Intermediário (INF) — nas siglas em inglês —, o Open Skies e o New START. A segunda gestão Bush se retirou do tratado ABM em 2002. A gestão Trump se retirou do tratado INF em agosto de 2019, quase exatamente no aniversário da bomba de Hiroshima, e sinalizou que não manterá os Estados Unidos nos tratados Open Skies ou New START.[4] Com isso, não restará mais nenhum obstáculo entre nós e uma guerra terminal.

A "lógica" geral (se é que podemos usar esse termo para tratar da mais completa insanidade) é ilustrada pela saída dos Estados Unidos do INF, postura logo replicada pela Rússia, como era previsível. Esse grande tratado foi negociado por Reagan e Gorbachev em 1987, reduzindo em grande escala o risco de uma guerra na Europa — algo que provavelmente desaguaria em um conflito global e, portanto, terminal. Os Estados Unidos alegam que a Rússia tem violado os termos do acordo, como a mídia reporta com frequência — deixando, contudo, de acrescentar que a Rússia também acusa, de sua parte, o país de descumprir o tratado, alegação levada a sério o bastante pelos cientistas estadunidenses para que o Bulletin of the

Atomic Scientists, do alto de sua autoridade, publicasse um artigo detalhado expondo a questão.[5]

Em um mundo são, os dois lados recorreriam à diplomacia e convocariam especialistas independentes para avaliar as alegações, e teriam então chegado a um acordo, como fizeram Reagan e Gorbachev anos antes. Em um mundo insano, o tratado seria revogado e os dois lados se dedicariam alegremente ao desenvolvimento de novas armas ainda mais perigosas e desestabilizadoras, como mísseis hipersônicos, contra as quais ainda não existe nenhuma forma imaginável de defesa (se é que podem vir a existir defesas contra qualquer um desses grandes sistemas de armas, o que é bastante dúbio).

Este último é o nosso mundo.

Assim como o INF, o tratado Open Skies foi uma iniciativa do Partido Republicano estadunidense. A ideia foi proposta pelo presidente Eisenhower e implementada pelo presidente George H. W. Bush (Bush I) — era o Partido Republicano da era pré-Gingrich, ou seja, uma organização política ainda saudável. Dois respeitados analistas políticos do instituto American Enterprise, Thomas Mann e Norman Ornstein, descrevem o Partido Republicano após a chegada de Newt Gingrich ao comando nos anos 1990 não como um partido político normal, mas como uma "insurgência radical" que abandonou amplamente a política parlamentar.[6] Sob a liderança de Mitch McConnell, isso se tornou ainda mais evidente — mas ele não está nem um pouco sozinho nos círculos internos do partido.

A revogação do tratado INF despertou pouca reação fora dos círculos de controle armamentista. Mas nem todos fazem vista grossa. A indústria militar mal consegue dissimular seu deleite com os novos e polpudos contratos para o desenvolvimento de formas de destruir tudo o que existe, e os mais visionários também vêm elaborando planos de mais longo prazo para obter contratos generosos para a criação de possíveis (embora improváveis) meios de defesa contra essas monstruosidades que agora podem ser produzidas livremente. A gestão Trump não perdeu tempo para escancarar a revogação do tratado. Em questão de poucas semanas, o Pentágono anunciou de maneira sucinta o sucesso do lançamento de um míssil de alcance intermediário que violava o tratado INF, praticamente convidando outros a fazerem o mesmo, mesmo com todas as consequências óbvias.[7]

O ex-secretário da Defesa William Perry, que dedicou boa parte de sua trajetória a questões nucleares e é pouco afeito a exageros retóricos, declarou algum tempo atrás que estava não só "aterrorizado", mas "duplamente aterrorizado" com a crescente ameaça de guerra e a pouca atenção dispensada ao fato. Na verdade, deveríamos estar triplamente aterrorizados, acrescentando a essa equação o fato de que a corrida pela aniquilação final vem sendo executada por pessoas com plena ciência das terríveis consequências de seus atos. Muito disso também vale para os esforços obstinados desses mesmos indivíduos em prol da destruição do meio ambiente que torna a nossa vida viável.

Estamos falando de uma rede extensa. Não são apenas os legisladores, em meio aos quais a gestão Trump é especialmente perigosa e repugnante. Os grandes bancos também fazem parte disso ao despejarem dinheiro aos montes na extração de combustíveis fósseis, assim como os editores dos melhores jornais, que publicam o tempo todo artigos sobre as magníficas novidades tecnológicas que alavancaram os Estados Unidos à liderança na produção das substâncias que levarão à nossa destruição, a não ser que haja uma redução radical de seu uso (nesses mesmos artigos, a terrível palavra "clima" jamais é mencionada).

Os cientistas que investigam inteligência extraterrestre ficam abismados com o paradoxo de Fermi: onde eles estão? Os astrofísicos sugerem que deve haver vida inteligente em algum outro lugar. Talvez eles tenham mesmo razão e existam formas inteligentes de vida, que, quando descobrem os estranhos habitantes de nosso planeta, têm o bom senso de se manter bem longe.

Mas vamos nos ater à segunda maior ameaça à nossa sobrevivência: a catástrofe ambiental.

Ninguém compreendeu na época, mas o período imediatamente após a Segunda Guerra Mundial foi um ponto de inflexão para uma segunda ameaça à nossa sobrevivência. Os geólogos costumam apontar o período logo após a Segunda Guerra como o início do Antropoceno, uma nova era geológica na qual a atividade humana exerce um impacto profundo e devastador sobre o meio ambiente. Essa demarcação temporal foi confirmada recentemente, em maio de 2019, pelo Grupo de Trabalho sobre o Antropoceno.[8] Agora temos evidências esmagadoras da severidade e da iminência dessa ameaça, e até mesmo os mais ferrenhos negacionistas têm admitido isso, como veremos a seguir.

Qual é a relação entre essas duas crises existenciais? O cientista climático australiano Andrew Glikson oferece uma resposta simples:

Os cientistas do clima já não são os únicos que precisam lidar com a emergência global, cujas implicações chegaram às instituições de defesa, mas, mesmo assim, o mundo continua gastando quase 1,8 trilhão de dólares ao ano com a indústria bélica, recursos que precisam ser redirecionados para a proteção da vida na Terra. Conforme as perspectivas de grandes conflitos no Mar da China, na Ucrânia e no Oriente Médio forem se tornando mais fortes, quem defenderá a Terra?[9]

Boa pergunta.

Não há dúvida de que os cientistas climáticos estão prestando muita atenção a essa pergunta e emitindo alertas francos e explícitos à população. Raymond Pierrehumbert, professor de física em Oxford e principal autor do aterrorizante relatório do Painel Intergovernamental sobre Mudanças Climáticas (IPCC) de 2018 (já suplantado de lá para cá por alertas ainda mais urgentes), começa sua análise das circunstâncias e opções existentes pelo seguinte: "Vamos colocar tudo na mesa já de saída, sem meias palavras. No que diz respeito à crise climática, sim, chegou a hora de entrarmos em pânico. [...] Estamos numa encrenca". Na sequência, ele expõe todos os detalhes com cuidado e escrúpulo, analisando possíveis soluções técnicas e seus graves problemas, para chegar à conclusão de que "não existe plano B".[10] Precisamos migrar para um sistema que zere as emissões líquidas de carbono, e depressa. As grandes preocupações dos cientistas do clima estão bastante acessíveis a todos os que não escolhem enfiar a cabeça em um buraco. A CNN celebrou o jantar de Ação de Graças de 2019 com um relatório detalhado (e preciso) sobre um importante estudo recém-publicado pela revista *Nature* a respeito dos pontos de virada — momentos a partir dos quais os efeitos nefastos do aquecimento global se tornarão irreversíveis. Os autores concluem que o estudo dos pontos de virada e da interação entre eles revela que "enfrentamos uma emergência climática e reforçamos o coro que pede este ano por ações climáticas urgentes. [...] É uma situação de graves riscos e grande urgência [...] A estabilidade e a resiliência de nosso planeta correm perigo. Ações internacionais — e não meras palavras — devem refletir isso".[11]

Os autores ainda alertam que

> os níveis de CO_2 na atmosfera já equivalem àqueles observados pela última vez há cerca de quatro milhões de anos, na era do Plioceno. Estamos rumando rapidamente para níveis vistos pela última vez há cerca de cinquenta milhões de anos, no Eoceno, quando as temperaturas eram até 14°C mais elevadas do que no período pré-industrial.

E o processo que naquela época se desenrolou durante um longo espaço de tempo está sendo comprimido pela ação humana em uns poucos anos. Eles também explicam que os prognósticos existentes, embora bastante desalentadores, não levam em conta os efeitos dos pontos de virada. Eles concluem que

o tempo disponível para intervirmos e evitarmos essa virada já pode ter se esgotado, e o tempo de reação para zerarmos as emissões é de, no máximo, trinta anos. Por isso, talvez não tenhamos mais a capacidade de evitar a virada. Nossa sorte é que talvez ainda seja possível controlar *em alguma medida* o ritmo do acúmulo de danos após essa virada — e, portanto, os seus riscos.

Em alguma medida, e não temos tempo a perder. Neste meio-tempo, o mundo fica assistindo enquanto seguimos em direção a uma catástrofe de proporções inimagináveis. Estamos nos aproximando perigosamente das temperaturas globais de 120 mil anos atrás, quando o nível dos oceanos era entre seis e nove metros mais alto do que hoje.[12] Uma perspectiva de fato inimaginável, mesmo descontando-se os efeitos de tempestades mais frequentes e violentas, que darão o toque final aos destroços restantes.

Um dos muitos acontecimentos de mau agouro que podem nos aproximar do clima de 120 mil anos atrás é o derretimento da vasta cobertura de gelo da Antártida Ocidental. As geleiras estão derretendo a um ritmo cinco vezes mais rápido que nos anos 1990, e o gelo perdeu mais de cem metros de espessura em algumas áreas como consequência do aquecimento dos oceanos. Essa perda dobra a cada década. O derretimento total da camada de gelo da Antártida Ocidental elevaria o nível do mar em cerca de cinco metros, cobrindo cidades litorâneas e levando efeitos devastadores para outros locais, como as planícies de baixa altitude de Bangladesh.[13] Essa é apenas uma das muitas preocupações daqueles que prestam atenção no que vem acontecendo bem diante de nossos olhos. Alertas urgentes de cientistas do clima são abundantes. O climatologista israelense Baruch Rinkevich resume de maneira sucinta o sentimento geral:

> "Depois de nós, o dilúvio", como diz o ditado. As pessoas não entendem plenamente do que estamos falando [...]. Elas não entendem que está previsto que tudo mude: o ar que respiramos, a comida que comemos, a água que bebemos, as paisagens que vemos, os oceanos, as estações, a rotina diária, a qualidade de vida. Nossos filhos terão que se adaptar para não serem extintos [...]. Não é para mim. Estou feliz pelo fato de que não estarei aqui.[14]

Rinkevich e seus colegas israelenses discutem vários "cenários de horror" factíveis para Israel, mas alguns estão otimistas. Um deles observa que "Israel definitivamente não é as Maldivas, e não esperamos que seja engolido pela água tão cedo". Boa notícia. No entanto, em geral, eles concordam que a região pode se tornar quase inabitável: "Talvez algumas cidades no Irã, no Iraque e em países em desenvolvimento sejam abandonadas, mas em nosso país será possível viver". E embora as temperaturas no Mediterrâneo possam se aproximar dos 40°C, "a temperatura máxima permitida em uma jacuzzi", os humanos

"não serão cozidos vivos como ocorrerá com ouriços-do-
-mar e certas espécies de moluscos, embora possa haver
risco de morte durante o ápice da temporada de banho".
Há, portanto, esperanças para Israel nos cenários
mais otimistas, embora não para a região. O professor
Alon Tal vai ao cerne da questão:

Nós estamos agravando as condições do planeta. O Estado judeu olhou nos olhos do maior desafio da história da humanidade e disse: "Deixa para lá". O que diremos às nossas crianças? Que queríamos mais qualidade de vida? Que precisávamos remover todo o gás natural do mar porque ele gerava muito lucro econômico? Essas explicações são patéticas. Estamos falando da questão mais relevante de todas, sobretudo na Bacia Mediterrânea, e o governo de Israel não é capaz de designar um ministro que se preocupe com o fato de que seremos simplesmente cozidos vivos.[15]

O comentário de Tal é correto e muito perturbador.
O que torna os humanos capazes de aceitar "explicações
patéticas" ou simplesmente dizer "deixa para lá" quando
olha "nos olhos do maior desafio da história da humanidade"? A reação é sempre essa, seja ela diante de uma
catástrofe ambiental iminente e gradativa ou da oportunidade de criar novos meios para destruir todos nós de
uma só vez. O que leva os humanos a destinar 1,8 trilhão
de dólares para gastos militares (os Estados Unidos lideram com sobra esse *ranking*) sem parar para se perguntar "Quem vai defender a Terra?".

Embora as observações de Tal sejam generalistas, sua mensagem é muito forte. Alguns países e localidades vêm empreendendo sérios esforços para agir antes que seja tarde demais. E não é tarde demais. A resposta à corrida insana pelo desenvolvimento de novos meios de autodestruição é bastante óbvia, ao menos quando se trata de articulá-la em palavras, embora colocá-la em prática seja outra questão. E ainda há tempo para mitigar a catástrofe climática iminente, contanto que assumamos um compromisso sério. Não há dúvida de que é possível, se soubermos encarar os fatos. Em 1941, os Estados Unidos enfrentaram uma ameaça séria, embora incomparavelmente menor, e responderam com uma mobilização de massa voluntária tão contundente que Albert Speer, o tsar econômico da Alemanha nazista, ficou impressionado a ponto de lamentar que o Estado totalitário alemão não fosse páreo para a subordinação espontânea a um projeto nacional existente nas sociedades mais livres.

Alguns estimam que o desafio, embora imenso, não exigirá sacrifícios comparáveis aos de 1941. Em um estudo cuidadoso, o economista Jeffrey Sachs conclui que,

> ao contrário de alguns comentários, o fim das emissões de carbono não exigirá dos Estados Unidos uma mobilização econômica comparável à da Segunda Guerra. Os custos adicionais da implementação de um programa assim, se comparados aos nossos custos energéticos atuais, representará um aumento de um a dois por cento do PIB do país ao ano no período até 2050. Em contraste, durante a

Segunda Guerra, os dispêndios federais atingiram 43 por cento do PIB, contra dez por cento do PIB em 1940.[16]

É possível, portanto, fazê-lo, mas temos à frente uma cruel ironia da história. Justo no momento em que precisamos agir todos em conjunto e com dedicação para confrontarmos o "maior dos desafios" da humanidade, os líderes do Estado mais poderoso da história, com plena ciência de seus atos, dedicam-se apaixonadamente ao agravamento radical da dupla ameaça à nossa sobrevivência. O governo dos Estados Unidos está nas mãos do único grande "partido conservador do mundo a negar a necessidade de enfrentarmos as mudanças climáticas" e está abrindo as portas para o desenvolvimento de novas e mais perigosas armas de destruição em massa.[17] Os membros da espantosa *troika* que tem o destino do mundo em suas mãos é composta pelo secretário de Estado, o conselheiro de Segurança Nacional e o chefe — da perspectiva do mundo, o "Poderoso Chefão"; poucas vezes na história se comenta como as relações internacionais lembram a Máfia.

O secretário de Estado, Mike Pompeo, é um cristão evangélico cuja capacidade de análise política é demonstrada por sua crença de que talvez Deus tenha enviado Trump ao mundo para salvar Israel do Irã.[18] Até sua renúncia (ou demissão, dependendo da fonte de sua preferência) em setembro de 2019, John Bolton ocupava o cargo de conselheiro de Segurança Nacional. Ele largou o posto, mas deixou seus protegidos em cargos relevantes. A doutrina de Bolton era simples: os Estados Unidos não devem aceitar nenhum limite externo à sua liberdade de ação: nada de tratados, acordos ou convenções internacionais. Sendo assim, devem garantir que todos os países tenham máximas oportunidades para desenvolver instrumentos que levem à destruição de todos nós — com os Estados Unidos na dianteira, para constar. Bolton também ostenta um corolário: bombardear o Irã, porque o país jamais aceitará nenhuma negociação.[19] Ele expôs essa premissa e esse guia de conduta com plena confiança ao mesmo tempo que o Irã negociava com os Estados Unidos e a Europa o Plano de Ação Conjunto Global (JCPOA, na sigla em inglês), um acordo detalhado concluído logo após o congelamento das atividades nucleares iranianas — acordo que o Irã seguiu de forma meticulosa, como confirmado pela inteligência estadunidense e outras fontes, e rasgado pelo Chefe.

O Chefe é infantil e megalomaníaco, um competente estelionatário que não está nem aí se o mundo vai explodir ou pegar fogo, contanto que, ao dar um passo rumo ao abismo, ele possa acenar triunfantemente seu bonezinho vermelho enquanto finge ser o vencedor. Trump demonstrou com clareza sua visão com relação às questões ambientais quando foi impedido de construir um campo de golfe com casas de luxo que colocariam em risco o suprimento de água potável para as comunidades vizinhas. Como ele explicou a uma plateia admirada de agentes imobiliários: "Eu ia construir um empreendimento. Eu ia construir casas bonitas, de grande luxo. [Mas] descobri que não posso construir nesse terreno. Para vocês, isso faz sentido?". O que poderia, portanto, ser mais sensato que revogar dezenas de regulamentações ambientais e aumentar significantemente as emissões de gases de efeito estufa, incluindo "o marco de referência nacional, a legislação ambiental [da era Nixon]", fazendo com que os órgãos federais "não precisem mais levar as alterações climáticas em conta ao avaliarem o impacto ambiental de estradas, tubulações e outros grandes projetos de infraestrutura"? E, na mesma lógica, o que poderia ser mais sensato que utilizar combustíveis fósseis ao máximo, mesmo sabendo que em breve isso sabotará qualquer perspectiva de vida humana organizada na Terra?[20]

E eles não estão sozinhos no tabuleiro global. No que pode ter sido uma inauguração simbólica, o ano de 2020 começou com incêndios na Austrália e pessoas fugindo desesperadas das temperaturas de fornalha durante uma onda recorde de calor, enquanto o primeiro-ministro (negacionista dedicado) voltou a contragosto de suas férias para garantir a seus eleitores que se solidarizava com sua dor. Ao mesmo tempo, o líder trabalhista da oposição australiana percorria usinas de carvão clamando para que o país ampliasse sua vantagem enquanto líder mundial de exportação de carvão e jurando ao país que isso é totalmente compatível com o sério compromisso australiano com o combate ao aquecimento global — compromisso que, de acordo com observadores internacionais, coloca-a no último lugar num *ranking* de políticas contra as alterações climáticas formado por 57 países.[21]

Podemos até nos perguntar como a história conseguiu conjurar esse pesadelo, mas o fato é que aqui estamos nós.

Trump tem bons motivos para se regozijar com seu sucesso, seja qual for o custo dele para a irrelevante população mundial. Sua base de apoio fundamental, formada pelas grandes riquezas e pelo poder corporativo, pode até não gostar dele, mas fica muito contente ao ser coberta por seus presentes. E seus eleitores estão fascinados. Mais da metade dos republicanos considera Trump o melhor presidente que os Estados Unidos já tiveram, superando Lincoln, o antigo predileto.[22] O processo de impeachment parece ter fortalecido a lealdade dos mais fiéis, embasando a tese segundo a qual forças obscuras tentam sabotar seu líder — que muitos acreditam ter vindo (ou ter sido enviado) para resgatá-los do ataque liberal do qual ele, na verdade, é um vigoroso campeão. Um truque incrível de ilusionismo. Se quisermos manter a esperança de evitar o desastre, são essas as pessoas que precisaremos convencer sobre a urgência das ameaças que o mundo enfrenta.

Elaborar uma estratégia geopolítica a partir desse rol de personagens pode parecer paradoxal, sem falar na construção de um consenso no Senado — cuja maioria republicana, que em grande parte abdicou de qualquer resquício de integridade, encontra-se hoje bem guardada no bolso de Trump e teme irritar sua base fanática. Mas é possível discernir uma estratégia em meio ao nevoeiro: a construção de uma internacional reacionária administrada pela Casa Branca que reúne as brutais ditaduras militares e familiares do Egito e do Golfo, Israel (que está consumando seu projeto de uma Grande Israel não mais com apoio tácito, mas explícito dos Estados Unidos), a Índia de Modi (que aniquila a Caxemira e desmonta o que ainda restava da democracia secular indiana em prol de uma etnocracia hindu nacionalista e extremista), o Brasil de Bolsonaro (com uma série de crimes repugnantes, mas nenhum comparável ao seu comprometimento com a destruição da Amazônia, "o pulmão do mundo", por meio da entrega da região aos seus amigos da mineração e do agronegócio) e outras grandes atrações, como a Hungria de Orbán (que exalta suas raízes nômades magiares que remontam a Átila, o Huno e, quem sabe, a Gengis Khan) e a Itália de Salvini (que assassina, com amparo legal, milhares de pessoas miseráveis fugidas da Líbia, famoso palco da exploração genocida da Itália de Mussolini).[23] E vai saber o que o futuro reserva para nós — é plausível pensar que Farage assumirá o poder no Estado vassalo dos Estados Unidos, antiga Grã-Bretanha, caso o *hard Brexit* de Boris Johnson ocorra, o que parece ser um desfecho provável.

Talvez seja essa a formatação do mundo que desponta no horizonte, mas, assim como a crise ambiental, ela não é de maneira nenhuma inevitável. Existem escolhas, e elas podem fazer uma diferença imensa. Uma escolha foi anunciada pelo estadunidense Bernie Sanders e por Yanis Varoufakis, ex-ministro de Finanças da Grécia durante o governo de esquerda da coligação Syriza, que juntos convocaram a formação de uma internacional progressista para confrontar a internacional reacionária que está sendo moldada sob a égide de Trump. Não podemos deixar que isso caia em esquecimento.

Retomando a questão inicial, a resposta curta é que a crise ambiental, assim como a crise nuclear (sua irmã gêmea), é um acontecimento único na história humana e uma verdadeira crise existencial. As pessoas que hoje estão vivas decidirão o destino da humanidade — e o destino das espécies que destruímos em um ritmo não visto há pelo menos 65 milhões de anos, quando um imenso asteroide atingiu a Terra e encerrou a era dos dinossauros, abrindo caminho para que alguns pequenos mamíferos evoluíssem e, por fim, se tornassem clones do asteroide. A única diferença desses clones em relação a seu antecessor é que eles têm poder de escolha.

Bob, o IPCC produziu um relatório especial em 2018 sobre o impacto de um aquecimento global de 1,5°C em relação aos níveis pré-industriais. Em sua opinião, os estudos de maior circulação sobre os desafios das mudanças climáticas, como os que o IPCC realizou ao longo dos anos, capturam de forma adequada a natureza e os riscos da crise climática?

Robert Pollin: Bom, eu não sou cientista do clima e, portanto, não estou qualificado a avaliar os trabalhos de maior circulação que costumam ser resumidos nos relatórios do IPCC e contrastá-los com os estudos para os quais o IPCC não representa de forma fidedigna o estado da ciência em um determinado momento. Mas vamos entender o papel que o IPCC desempenha em nível internacional para o avanço e a disseminação de pesquisas científicas relativas ao clima. O IPCC é uma agência da ONU criada em 1998 com a missão declarada de "fornecer periodicamente aos legisladores avaliações científicas sobre o estado atual de conhecimento a respeito das transformações climáticas".²⁴ O Painel não realiza pesquisas inéditas: ele atua como um repositório de análises e sínteses da literatura relevante. Milhares de cientistas contribuem para a escrita e revisão dos relatórios do IPCC, que então são revisados também pelos governos. Eu mesmo conheço bem cientistas do clima de minha própria universidade, a Universidade Amherst, de Massachusetts, envolvidos em diversos projetos do IPCC. São pessoas muito competentes, confiáveis e comprometidas. Portanto, é justo dizer que a organização reúne avaliações atuais e de alta qualidade da produção de grande circulação referente à ciência do clima, seja qual for o foco.

Ainda existe um pequeno grupo de negacionistas do clima. O posicionamento deles recebe muito mais crédito e visibilidade na grande mídia do que seria justificável por sua produção científica.²⁵ Ainda assim, embora implausível, não podemos descartar de todo a possibilidade de que algumas de suas colocações tenham algum mérito. Mas, com relação a isso, também é verdade que o IPCC tem o escrúpulo de reconhecer o alto nível de incerteza de todas as suas estimativas. Por exemplo, suas metas para o nível necessário de redução das emissões jamais são apresentadas em um montante único, como por exemplo que "devemos reduzir as emissões em oitenta por cento dentro de vinte anos ou arcar com as terríveis e inevitáveis consequências". Em vez disso, o IPCC sempre acompanha suas conclusões com índices de probabilidades e margens de erro.

Também é verdade que o IPCC tem um histórico de mudar regularmente suas avaliações de forma significativa, como observado em anos recentes em algumas de suas publicações mais importantes. Assim, em seu quarto Relatório de Avaliação, de 2007, o IPCC concluiu que, para estabilizar a temperatura média global em 2°C acima dos níveis pré-industriais, as emissões anuais de CO_2 precisariam cair, aproximadamente, entre 4 e 13 bilhões de toneladas métricas até 2050, o que representaria uma redução de sessenta a 88 por cento em relação aos níveis de 2018, de 33 bilhões de toneladas métricas. No entanto, em seu quinto Relatório de Avaliação, publicado em 2014, o IPCC estimou que a margem de redução de emissões necessária estaria entre os 36 e os 76 por cento, para alcançar a mesma estabilização de 2°C. Em outras palavras, entre os Relatórios de Avaliação do IPCC de 2007 e 2014, as exigências de redução de emissões caíram. No entanto, em 2018, quatro anos após o relatório de 2014, o IPCC mudou drasticamente de posição mais uma vez, assumindo uma postura bem mais alarmista do que fizera nas publicações anteriores. Isto é, no relatório de outubro de 2018, ao qual você se refere, intitulado *Aquecimento global de 1,5°C*, o IPCC enfatizou a necessidade de limitar o aumento da temperatura média global a 1,5°C, em vez de 2°C. Fez isso após chegar à conclusão de que a meta de 1,5°C reduziria de forma drástica as prováveis consequências negativas das mudanças climáticas. Isso inclui os riscos de calor extremo, grandes índices de precipitação, secas, elevação do nível do mar, perda de biodiversidade, e os impactos decorrentes para a saúde, subsistência, segurança alimentar, segurança humana e o fornecimento de água.

Está bem claro que existe um nível de incerteza com relação ao conjunto de consequências que enfrentaremos caso permitamos que a média de temperatura global suba mais que 1,5°C, ou mesmo 2°C, em relação aos níveis pré-industriais. As consequências podem ser mais ou menos severas do que o previsto na avaliação do IPCC de 2018. Se o órgão vier a mudar sua avaliação outra vez, em relatórios futuros, será uma atitude coerente. Assim, podemos presumir que o IPCC até poderia fornecer cálculos mais otimistas, como fez em 2014, mas o mais provável é que se tornem cada vez mais severos, refletindo o alerta do eminente cientista do clima e autor do IPCC Raymond Pierrehumbert, citado por Noam, para quem "sim, chegou a hora de entrarmos em pânico. Estamos numa encrenca". Em resumo, temos informações mais que suficientes para tomar atitudes decisivas agora mesmo, sem deixar de reconhecer o grau de incerteza à nossa frente.

Para explorarmos um pouco mais essa questão, não faria sentido se optássemos pela alternativa mais segura ao confrontarmos as mudanças climáticas?

RP: A resposta curta é sim, sem dúvida. Lidar com a realidade da incerteza que o assunto envolve traz à tona outra questão: e se o consenso esmagador da ciência estiver errado? Ou, sendo ainda mais preciso, e se o desfecho relativamente improvável de que as mudanças climáticas não tragam nenhuma consequência grave se mostrar verdadeiro? A comunidade internacional teria desperdiçado trilhões de dólares durante trinta anos para resolver um problema que, na verdade, nunca existiu?

De fato, precisamos agir agora e de maneira decisiva sem termos cem por cento de certeza quanto às consequências das mudanças climáticas, baseando-nos em uma estimativa razoável das probabilidades. Por isso, devemos pensar no Green New Deal global como o exato equivalente de uma apólice de seguro para nos proteger, e também ao planeta, da trágica perspectiva (mas não da certeza) de nos encontrarmos diante de uma catástrofe ecológica.

Martin Weitzman, economista de Harvard falecido em 2019, contribuiu com pesquisas importantes sobre como devemos lidar com as incertezas acerca das mudanças climáticas. Como ele aponta em *Climate Shock*, livro de 2015 que escreveu ao lado de Gernot Wagner, "o tema das mudanças climáticas é repleto de profundas incertezas baseadas em profundas incertezas que, por sua vez, baseiam-se em incertezas ainda mais profundas". Weitzman e Wagner oferecem a seguinte analogia ao falarem sobre como devemos lidar com essas incertezas:

> Se um asteroide capaz de acabar com a civilização tal como a conhecemos estivesse vindo em direção à Terra, com colisão prevista para daqui a uma década, e probabilidade de, digamos, cinco por cento de atingir o planeta, certamente faríamos todo o possível para tentar desviá-lo dessa rota. Se soubéssemos que esse mesmo asteroide deve acertar a Terra daqui a um século, talvez passássemos mais alguns anos discutindo a melhor forma de ação. Mas jamais diríamos que uma década, no máximo, é sufi-

ciente para resolvermos o problema, de modo que podemos nos reclinar na cadeira e relaxar por mais noventa anos. Tampouco apostaríamos nossas fichas no fato de que a tecnologia será muito melhor daqui a noventa anos, permitindo que não façamos nada durante 91 ou 92 anos, pois tudo acabará bem. Nós agiríamos, e depressa. Pouco importa se a tecnologia será melhor daqui a noventa anos, e pouco importa se podemos estudar mais a trajetória exata do asteroide para, quem sabe, descobrir daqui a noventa anos que ele tem "apenas" quatro e não cinco por cento de chances de atingir a Terra, conforme havíamos presumido até então.[26]

Weitzman e Wagner também abordam situações cotidianas e a forma como as pessoas lidam com inseguranças e incertezas. Os estudiosos alegam que

> incêndios domésticos, acidentes de carro e outras catástrofes pessoais devastadoras quase sempre têm probabilidade inferior a dez por cento. Mesmo assim, as pessoas contratam um seguro para se proteger dessas possibilidades remotas, ou até mesmo são obrigadas a fazê-lo por leis que têm por objetivo evitar que esses custos recaiam sobre a sociedade.[27]

Dessa perspectiva, a única grande questão a se debater referente à contratação de um seguro climático é determinar o quanto estamos dispostos a pagar em troca de uma boa cobertura. Não é o equivalente a decidir *se* compraremos um seguro para o carro, mas a determinar quanto gastaremos e qual será a nossa cobertura. Essa é a questão que pretendo abordar mais tarde ao descrever um projeto viável de Green New Deal.

A premissa subjacente da economia ortodoxa é de que mercados livres, entregues à autogestão, produzirão resultados sociais superiores àqueles obtidos com intervenções governamentais. Até que ponto essa simpatia da economia ortodoxa pelos mercados tem retardado avanços na mitigação das mudanças climáticas?

RP: Em 2007, Nicholas Stern, famoso e proeminente economista britânico que atuou como economista chefe do Banco Mundial, escreveu que "as mudanças climáticas são resultado do maior fracasso de mercado já visto". É uma avaliação extremada a dele, mas não hiperbólica.

O neoliberalismo foi uma das forças decisivas para provocar a crise climática. Isso porque ele é uma variante do liberalismo clássico, e o liberalismo clássico é um desdobramento da ideia de que todos devem ter máxima liberdade para perseguir seus próprios interesses dentro da configuração dos mercados capitalistas. Mas o neoliberalismo também diverge significantemente do liberalismo clássico e, portanto, também das premissas básicas da economia ortodoxa, segundo a qual mercados livres, se deixados à própria sorte, produzirão melhores resultados do que as intervenções governamentais. O problema do neoliberalismo, se contraposto ao modelo do mercado totalmente livre exaltado por economistas ortodoxos, é o seguinte: o que ocorre na prática sob o neoliberalismo é que os governos deixam corporações gigantescas livres para buscarem ao máximo as oportunidades de lucro. No entanto, sempre que os lucros dessas mesmas corporações se encontram sob ameaça, o governo entra em cena com soluções para resgatá-las. O resultado é socialismo para os capitalistas e um feroz capitalismo de mercado para todo o resto.

O histórico de comportamento das empresas petrolíferas com relação às mudanças climáticas fornece um estudo de caso emblemático de como o neoliberalismo funciona na prática. Em 1982, pesquisadores que trabalhavam na então chamada Exxon Corporation (hoje ExxonMobil) estimaram que, por volta de 2060, a queima de óleo, carvão e gases naturais para a produção de energia elevaria as temperaturas médias do planeta em cerca de 2°C. Isso, por sua vez, geraria exatamente as grandes perturbações climáticas massivas que temos vivenciado com cada vez mais frequência desde os anos 1980. Em 1988, pesquisadores da Shell Corporation chegaram a conclusões semelhantes. Hoje sabemos o que a Exxon e a Shell fizeram com essas informações: esconderam tudo. E o fizeram por um motivo óbvio: se essas informações viessem a público naquela época, poderiam ter ameaçado seus prospectos de lucros gigantescos com a produção e a venda de petróleo.

Não há como minimizar o fato de que a Exxon e a Shell fizeram algo imoral. Mas também é bastante claro que as duas empresas agiram em perfeita conformidade com os preceitos do neoliberalismo, ou seja, agiram para proteger seus lucros. De 1980 em diante, elas continuaram se comportando conforme os preceitos do neoliberalismo, extraindo o maior volume possível de subsídios de todo e qualquer governo ao redor do mundo. Em meio a tudo isso, nenhuma das duas companhias enfrentou sanções governamentais por seu comportamento. Muito pelo contrário, elas continuaram a obter lucros imensos e a receber subsídios pesados dos governos.

Agora, não podemos jogar toda a culpa na economia ortodoxa. Como Stern enfatizou, também é possível, dentro da ortodoxia econômica, reconhecer que os processos de mercado podem falhar sob o capitalismo. No entanto, é fundamental apontar que os economistas ortodoxos insistem que, com relação às falhas do mercado, devemos minimizar o alcance de intervenções estatais, dado que, a seu ver, no fim das contas, o mais provável é que as intervenções estatais piorem as coisas, seja por incompetência, seja por corrupção ou, de modo ainda mais fundamental, por seu vago objetivo de tentar melhorar o bem-estar social. Em contraste, quando se trata de mercados, ninguém está tentando enganar ninguém — cada um tenta tirar a maior parcela possível em benefício próprio, e só.

É por isso que praticamente todos os economistas ortodoxos apoiam a taxação de carbono como política mais eficaz (para muitos deles, ela é a única política eficaz) de combate às mudanças climáticas. Assim, uma declaração de janeiro de 2019, assinada por 27 economistas vencedores do Prêmio Nobel, além de quatro ex-presidentes do Federal Reserve[28] e quinze ex-presidentes do Conselho Presidencial de Consultores Econômicos, afirmava:

Uma taxação de carbono suficientemente robusta e de crescimento gradual substituirá a necessidade de diversas regulações de carbono menos eficientes. Substituir as regulamentações pesadas com sinais de preço promoverá o crescimento econômico e propiciará a segurança regulamentária de que as empresas precisam para investir em alternativas de energia limpa a longo prazo.[29]

Esses economistas concordam em redistribuir a renda da taxação de carbono entre toda a população de forma igualitária para evitar que a taxa eleve o custo de vida das pessoas de baixa renda, que dedicam uma parcela significativa de seu rendimento total à compra de energia. Contudo, esses economistas não apoiam o aumento de investimentos públicos em energias renováveis e eficiência energética, renegando assim o poder do setor público (responsável por 35 por cento do PIB nos Estados Unidos, e até mais em outros lugares) de induzir a transição para fontes de energia limpa no ritmo mais agressivo possível. Eles também se opõem à exigência de que as usinas elétricas parem de queimar carvão e gás natural e ampliem sua capacidade de gerar energia renovável. Essas posições se somam a imensos equívocos cometidos por muitos dos mais prestigiados economistas dos Estados Unidos ao elaborar políticas públicas.

Por falar em imensos erros na elaboração de políticas cometidos por economistas de prestígio, precisamos dar destaque especial a William Nordhaus, da Universidade Yale, agraciado com o Prêmio Nobel de Economia em 2018 por décadas de produção de pesquisas muito influentes e que abordam justamente os aspectos econômicos das mudanças climáticas. Em seu discurso de recebimento, proferido em dezembro daquele ano, Nordhaus apresentou cenários de políticas alternativas para o enfrentamento dessa crise. Caso seguíssemos o que, em seu discurso, ele chamou de uma política "otimizada", a temperatura média global subiria 2°C até 2050, mas continuaria subindo durante os cem anos seguintes até atingir um ponto de estabilização "otimizado", uma elevação de 4°C da temperatura média até 2150. Em outras palavras, para começo de conversa, Nordhaus não dá qualquer crédito à conclusão publicada pelo IPCC em outubro de 2018 — apenas dois meses antes de seu discurso do Nobel — de que precisamos estabelecer como meta um aumento de 1,5°C até 2050, e não 2°C, se quisermos evitar a ameaça cada vez mais intensa de ondas de calor, grandes volumes de precipitação, secas, elevação do nível dos oceanos e perda de biodiversidade. Mas há algo ainda mais alarmante, ou, digamos, impressionantemente chocante: Nordhaus está tranquilo quanto a assumir os riscos que precisaríamos enfrentar caso permitamos que a temperatura média global se eleve em 4°C até 2150.

Ao vasculhar o arcabouço de pesquisas que investigam como o mundo poderia ser com um aumento de 4°C, o jornalista científico Mark Lynas escreveu:

> Com 4°C, é bem provável que ultrapassemos outro ponto de virada [...]. O momento ocorreria quando as centenas de bilhões de toneladas de carbono presas no *permafrost*

[tipo de solo] do Ártico, especialmente na Sibéria, ingressassem na zona de derretimento e liberassem imensas quantidades de metano e dióxido de carbono, causadores do aquecimento global [...]. Toda a camada de gelo no Oceano Ártico também desapareceria, desobstruindo as águas do Polo Norte pela primeira vez em pelo menos três milhões de anos. A extinção dos ursos polares e de outras espécies dependentes do gelo seria certa. As calotas do Polo Sul também podem ser gravemente afetadas [...]. Isso levaria a um aumento de mais cinco metros do nível global dos oceanos [...]. Conforme a elevação dos mares se acelerasse, as regiões litorâneas entrariam em estado de fluxo constante. Áreas inteiras, e mesmo nações insulares inteiras, seriam submersas. Na Europa, novos desertos se espalhariam por Itália, Espanha, Grécia e Turquia: o Saara, de fato, saltaria para o outro lado do Estreito de Gibraltar.[30]

É verdade que, como enfatiza a obra de Martin Weitzman sobre as incertezas do clima, não temos como estimar com afinco a probabilidade de que sejam essas as consequências de um aumento de 4°C da temperatura média global. Mas, ainda pela lógica de Weitzman ou, melhor ainda, por mero bom senso, o que sabemos deveria ser o bastante para perceber que devemos fazer todo o possível para evitar até mesmo a vaga possibilidade de um aquecimento de 4°C. O fato de que o mais proeminente economista ortodoxo do mundo dedicado ao estudo das mudanças climáticas considera os riscos de um aquecimento de 4°C um cenário "otimizado" nos diz tudo o que precisamos saber sobre o estado falimentar da economia ortodoxa.

Existe uma preocupação crescente com o impacto da agricultura industrial sobre o meio ambiente. De fato, o sistema de alimentos industrializados parece ser prejudicial para a saúde humana e a economia como um todo. Bob, quais são os impactos associados à agricultura industrial, e qual é a alternativa?

RP: A agricultura industrial corporativa é uma das grandes causadoras das mudanças climáticas, responsável por mais ou menos 25 por cento do total de emissões de gases estufa, incluindo CO_2, metano e óxido nitroso, os três principais gases estufa.[31]

Mas antes de entrarmos em alguns detalhes dos problemas das mudanças climáticas em si, preciso ao menos mencionar alguns outros impactos de grandes proporções causados pela agricultura industrial corporativa. Como descrito em um excelente estudo recente da Organização Internacional do Trabalho, a agricultura industrial se tornou uma das grandes responsáveis pela

> degradação do solo (perda de matéria orgânica em decorrência da exploração excessiva e má gestão), desertificação e escassez de água potável (pela gestão inadequada da terra e de safras), perda de biodiversidade, resistência a pragas e poluição da água (como resultado de mudanças na gestão da terra, da eutroficação [i.e., enriquecimento excessivo da água com minerais e nu-

trientes, induzindo o crescimento excessivo de algas] e do escoamento e gestão inadequada de nutrientes).[32]

Essas fontes de degradação do solo e poluição da água, por sua vez, contribuem para diversos problemas de saúde. O mais grave deles é a exposição diária — e próxima — de centenas de milhões de trabalhadores agrícolas no mundo todo a pesticidas e herbicidas tóxicos. A partir deles, substâncias tóxicas adentram a comida e a água consumidas pela população em geral.

Voltando aos impactos climáticos da agricultura industrial, existem quatro principais vertentes a serem enfatizadas, todas interligadas: (1) **desmatamento**; (2) uso da terra para a **pecuária**, que consome uma parcela muito maior da superfície terrestre disponível do que qualquer outra atividade, incluindo o cultivo de vegetais para alimentação; (3) a forte **dependência de fertilizantes nitrogenados com base de gás natural, bem como pesticidas e herbicidas sintéticos** para aumentar a produtividade da terra; e (4) a imensa quantidade de comida cultivada, mas desperdiçada. O **desperdício massivo de alimentos** ocorre tanto em países de alta como de baixa renda, embora geralmente por motivos distintos.

Desmatamento

RP: Afora a queima de combustíveis fósseis para a produção de energia, o desmatamento é o maior causador das mudanças climáticas, o que se deve ao fato de que árvores vivas absorvem e armazenam CO_2. Quando as árvores são derrubadas pelo desmatamento, o CO_2 armazenado nelas é liberado na atmosfera. Além disso, é claro, árvores derrubadas deixam de estar disponíveis para absorver CO_2. Segundo os dados mais recentes informados pelo IPCC, de 2019, os efeitos do desmatamento (a liberação de CO_2 na atmosfera pelas árvores abatidas e a perda da capacidade de absorção de CO_2) são, em conjunto, responsáveis por cerca de doze por cento de todas as emissões de gases de efeito estufa.

Visto que compreendemos bem o papel do desmatamento enquanto um dos principais causadores das mudanças climáticas, devemos questionar por que a prática perdura. A resposta é bem direta: entender isso é tão fácil quanto entender por que ainda queimamos combustíveis fósseis, mesmo sabendo que a postura levará a uma catástrofe ecológica. Ou seja, é possível lucrar com a destruição das florestas, porque ela cria imensas áreas abertas de terra que podem ser exploradas pela mineração e pela agricultura.

A maior oportunidade de lucro com o desmatamento consiste em limpar terreno para a agropecuária industrial. Um estudo recente detalhado de Noriko Hosonuma e um grupo de coautores estima que cerca de quarenta por cento de todo o desmatamento nos países em desenvolvimento é motivado por interesses do agronegócio, sendo o mais relevante deles a abertura de terras para a pastagem de gado. O plantio de cunho comercial, como a produção de azeite de dendê para exportação, também oferece grandes oportunidades de lucro. Hosonuma estima que outros 33 por cento das terras desmatadas são utilizados para o plantio de subsistência e dez por cento se destinam à construção de estradas e outras obras de infraestrutura que, logicamente, têm por função principal o escoamento da produção nas áreas desmatadas. Assim, cerca de 85 por cento do desmatamento está atrelado à agropecuária, com destaque para a criação de gado e outras formas de agricultura corporativa.[33]

Precisamos reconhecer que, além de gerar lucro para as corporações, o desmatamento pode reforçar o orçamento doméstico de pessoas e comunidades de baixa renda. Mas quase todos os benefícios para os pobres e trabalhadores têm efeitos de curto prazo, que evaporam rapidamente. Os ganhos e perdas provenientes do desmatamento para as pessoas de baixa renda constituem um típico ciclo *"boom and bust"*, conceito da economia para designar fenômenos de alto crescimento, mas de curta duração. De início, as terras recém-abertas atraem investimentos para projetos de agropecuária e mineração, bem como para a infraestrutura necessária para respaldar os novos empreendimentos. Esses investimentos geram empregos, mas apenas durante as fases iniciais de implementação. Mesmo durante essa primeira etapa de desenvolvimento e construção do projeto nas terras recém-abertas, porém, é possível constatar o crescimento da migração de pessoas em busca de trabalho. O fenômeno aumenta a competição pelos novos postos e gera uma pressão negativa sobre os salários.

Quaisquer possíveis benefícios resultantes da expansão do cultivo de subsistência ou de empregos no agronegócio para pessoas de baixa renda são contrabalançados também pela perda de renda proveniente de atividades viabilizadas pela própria floresta. Isso inclui o seringal, o cultivo de castanhas e a extração sustentável de lenha de árvores mortas. Um estudo de 2018 realizado pelo instituto World Resources conclui que "a aquisição de terras visando à produção de *commodities* não raro suplanta fontes locais de subsistência, desrespeitando o direito à terra de povos indígenas e comunidades tradicionais".[34]

A principal iniciativa política para deter o desmatamento é, na verdade, uma série de políticas com abrangência global conhecidas coletivamente como Redução das Emissões por Desmatamento e Degradação Florestal (REDD, na sigla em inglês). Esse conjunto de políticas é administrado e coordenado em sua maior parte pelas Nações Unidas (ONU-REDD) e pelo Banco Mundial. A ideia geral por trás do REDD é simples: recompensar governos, empresas, proprietários e habitantes de florestas no sul global para que mantenham suas florestas intactas em vez de derrubá-las.

A princípio, os programas do REDD deveriam ser benéficos. Mas, na prática, surgiram grandes problemas. Mencionarei apenas três dos mais relevantes. Em primeiro lugar, o financiamento para os projetos do REDD provém substancialmente de empresas que buscam compensar sua pegada de carbono. Por exemplo, o REDD pode autorizar que uma concessionária de energia elétrica adquira créditos de carbono que permitirão a ela continuar gerando energia com a queima de carvão, em vez de abandoná-lo de vez e passar a investir em fontes de energia renovável limpas e de alta eficiência. O segundo problema tem relação com o primeiro: são as "fugas". Ele se refere à iniciativa do REDD de designar certos conjuntos de florestas como inapropriados para a limpeza de terras, o que leva as empresas a deslocarem suas operações para outros locais, ainda não protegidos. As estimativas das emissões resultantes dessas fugas variam muito conforme o local protegido, indo de valores insignificantes a mais de cem por cento das emissões originalmente evitadas. Isso mostra ao menos que as salvaguardas para prevenir fugas ainda são frágeis.[35]

Um terceiro grande problema dos programas do REDD é que as recompensas financeiras para os participantes acabam de forma desproporcional nos bolsos de grandes empresas agropecuárias e especuladores de terras que conhecem bem as manobras legais necessárias para a obtenção dos benefícios disponíveis. Os verdadeiros habitantes das florestas não costumam ter acesso a consultores legais e financeiros capazes de ajudá-los a explorar o sistema em benefício próprio. A necessidade de políticas justas e eficientes para conter e reverter o desmatamento está fora de questão. Mas também é fundamental que os programas do REDD sejam elaborados de maneira a não servir aos mesmos interesses corporativos que vêm se beneficiando da derrubada de florestas e da queima de combustíveis fósseis.

Pecuária

RP: A pecuária contribui para as mudanças climáticas de duas maneiras. A primeira deriva do fato de que a criação de gado exige muito mais terras do que qualquer outra forma de agropecuária. Ou seja, produzir qualquer outro alimento de origem animal, como frangos, porcos e peixes, bem como o cultivo de vegetais voltados diretamente para o consumo humano (em vez da alimentação bovina), requer muito menos terras do que a criação de gado. A pecuária pode até contribuir de forma positiva para os suprimentos alimentares do mundo quando o gado cresce apenas em pastagens onde não é possível cultivar vegetais. Mas imensas extensões de terra são desperdiçadas com a pecuária e o plantio de vegetais para a produção de ração, quando poderiam ser destinadas ao cultivo de vegetais para consumo humano. A pressão para que mais terras sejam destinadas à criação de gado, por sua vez, incentiva empresas e especuladores a derrubarem florestas.

Além de gerar essa pressão sobre o uso da terra, a pecuária em si também contribui para as mudanças climáticas porque as vacas emitem gás metano durante seus processos digestivos cotidianos. Isso vale para todos os animais ruminantes, ou seja, animais que regurgitam a comida e voltam a mastigá-la, incluindo ovelhas, cabras, búfalos, veados, alces, girafas e camelos. Mas a população global de vacas e touros é de cerca de 1,5 bilhão, muito superior à de outros ruminantes. As emissões de metano, um gás de efeito estufa, pelas vacas somam cerca de 2 bilhões de toneladas ao ano. Isso equivale a cerca de quatro por cento das emissões totais de gases de efeito estufa, se nos basearmos nos dados de 2018.

Cultivo orgânico x cultivo industrial

RP: Os métodos convencionais de agricultura industrial dependem do uso pesado de fertilizantes sintéticos, irrigação, pesticidas e herbicidas. Só o uso de fertilizantes a base de nitrogênio cresceu oitocentos por cento entre 1961 e 2019. Durante o mesmo período de sessenta anos, a prática foi um fator que colaborou muito para o aumento de trinta por cento na produção global *per capita* de alimentos.

É também verdade que a produção de fertilizantes de nitrogênio, principalmente na forma de amônia, se baseia na mistura do hidrogênio do gás natural com o nitrogênio do ar. Por isso, a produção de fertilizantes de nitrogênio produz CO_2, metano e óxido nitroso, os três principais gases causadores de efeito estufa. Além disso, os fertilizantes de nitrogênio se convertem em óxido nitroso ao se combinarem com as bactérias do solo.

Como alternativa a essas práticas agrícolas industriais, o cultivo orgânico se baseia em rotação de culturas, adubos de origem animal, o uso de compostagem como fertilizante e o controle biológico de pragas. Mais especificamente, plantam-se leguminosas para fixar o nitrogênio no solo (em vez de se utilizar amônia para o aumento dos índices de nitrogênio), estimula-se a reprodução de predadores naturais dos insetos (em substituição ao uso de pesticidas sintéticos), pratica-se a rotação de culturas para confundir as pragas e renovar o solo, e utilizam-se materiais naturais para controlar doenças e ervas daninhas. A pegada de carbono do cultivo orgânico é mínima porque a prática não se baseia no uso de amônia como fertilizante, tampouco em outros produtos derivados de combustíveis fósseis.

Os benefícios do cultivo orgânico para a redução de emissões e o controle das mudanças climáticas são, portanto, bastante evidentes. Mas o cultivo orgânico enquanto alternativa às práticas convencionais também apresenta problemas para os quais não devemos fazer vista grossa. O mais relevante deles é que a produtividade em uma determinada faixa de terra costuma ser mais baixa que a da agricultura convencional. Não há consenso quanto ao tamanho dessa desvantagem. Já foram elaborados muitos estudos de larga escala para tentar responder a essa pergunta. As estimativas oscilam muito. Dentre outros fatores, a diferença de produtividade varia conforme a região e as circunstâncias específicas de cada fazenda. No entanto, como conclusão geral, seria razoável estabelecer que, como média dessas estimativas, os métodos convencionais produzem entre dez e quinze por cento mais comida em uma mesma área de terra. Por outro lado, alguns pesquisadores constataram que o cultivo orgânico é mais produtivo que o cultivo convencional nos países em desenvolvimento, pois em muitos desses países os materiais necessários para o cultivo orgânico são mais acessíveis que os materiais sintéticos.

Desperdício de terra e comida

RP: Como argumento geral, é razoável presumir que provavelmente precisaríamos de mais terras se quiséssemos produzir toda a comida do mundo por meio do cultivo orgânico. Isso só reforça a necessidade de dedicarmos a maior parte das terras propícias à agropecuária do mundo à criação de gado.

Se quisermos uma transição global para o cultivo orgânico em detrimento da agricultura industrial, a redução significativa do desperdício de alimentos cultivados seria outra maneira importante de contrabalançar as pressões sobre o uso da terra. Estimativas apontam que de 35 a cinquenta por cento da produção total de comida do mundo acaba descartada, degradada ou devorada por pragas em vez de chegar aos nossos pratos. Os países em desenvolvimento costumam perder mais de quarenta por cento da comida após a colheita ou durante o processamento, em razão de uma infraestrutura inadequada de transporte e armazenamento. Países de alta renda não apresentam índices tão altos de desperdício no âmbito da produção, mas ainda assim estima-se que mais de quarenta por cento de sua comida acabe desperdiçada durante a distribuição comercial e o consumo. Como esses dados indicam, muita comida acaba indo para o lixo dos restaurantes e das residências familiares.

Para os países em desenvolvimento, a primeira solução óbvia para o problema seria o aprimoramento da infraestrutura de transporte e armazenamento. Mesmo uma redução do desperdício nos países em desenvolvimento da ordem de, digamos, dez por cento reduziria a demanda global por terras cultiváveis em mais ou menos cinco por cento. Seria o suficiente para compensar de forma significativa quaisquer demandas por uso adicional de terras na transição do cultivo industrial para o orgânico como principal fonte mundial de alimentos. Nos países de alta renda, o simples ato de acabar com o desperdício da comida preparada em restaurantes e cozinhas particulares teria um impacto comparável na redução das pressões sobre o uso da terra em nível global.

Preciso elencar ainda uma última questão: as pessoas deveriam mudar suas dietas como parte do Green New Deal global e, sendo mais específico, reduzir consideravelmente seu consumo de carne bovina? Não há como negar que a resposta é "sim". Substituir o filé por galinha, porco ou peixe — ou, se formos mais ambiciosos, por uma dieta à base de vegetais — acarretará uma redução correspondente na demanda por terras para a criação de gado e também reduzirá o estímulo para o desmatamento. Também significará uma redução das emissões de gás metano das vacas, tendo em vista que a população mundial de gado diminuiria junto com a demanda por carne bovina. Por fim, isso reduziria a vantagem de que a agroindústria goza hoje em relação ao cultivo orgânico por exigir menos terras para entregar a mesma produção.

Além de ser a principal causadora das mudanças climáticas, a queima de combustíveis fósseis para a produção de energia é uma das maiores colaboradoras para a poluição do ar. Em nível global, quão severo é o impacto da poluição do ar para a saúde humana?

RP: A poluição do ar representa graves riscos para a saúde no mundo todo. De acordo com um estudo de 2019 conduzido pelo instituto Health Effects, mais de noventa por cento da população mundial respira um ar que não é seguro, conforme as medições dos Padrões de Qualidade do Ar da Organização Mundial de Saúde.[36] Portanto, não é de surpreender que, atrás apenas da hipertensão, do tabaco e do excesso de açúcar no sangue, a poluição do ar é o quarto principal fator de risco no mundo, responsável por cerca de 5 milhões de óbitos apenas em 2017. Nos países de baixa renda, a poluição do ar é o principal fator de risco. Também é a quarta principal causa internacional de "carga global da morbidade" (isto é, o número de anos que as pessoas vivem com a saúde debilitada): quase 150 milhões de pessoas ao redor do planeta sofrem morbidades precoces ou incapacitações devido à poluição do ar.

A poluição do ar pode ser dividida em duas categorias distintas: interna e externa. A queima de petróleo, gás natural e, sobretudo, carvão para a produção de energia é a principal geradora de poluição externa, e também o maior fator causador das mudanças climáticas. A combustão do carvão libera níveis tóxicos de dióxido de enxofre e partículas de fuligem, enquanto a queima de petróleo e gás natural, também como o carvão, libera quantidades tóxicas de óxido de nitrogênio na atmosfera. Outra grande fonte de poluição externa são os incêndios florestais. As mudanças climáticas, por sua vez, tornam esses incêndios mais graves e frequentes, como no caso daquele que assolou o norte da Califórnia em 2019, e o caso ainda mais dramático da Austrália em 2020. Esses incêndios de grande intensidade resultam de uma combinação de condições climáticas extremas (períodos de chuva mais fortes que o normal, que produzem um excesso de vegetação que, mais tarde, servirá de combustível durante os períodos de seca e de ondas de calor). Um terceiro grande fator que contribui para a poluição externa do ar é a queima de biomassa para a geração de energia. Em termos gerais, portanto, o projeto de construir uma infraestrutura global de energia limpa para substituir os combustíveis fósseis e as grandes emissões de bioenergia também servirá para eliminar as principais causas de poluição externa do ar.

A poluição interna do ar também é causada pela queima de combustíveis vegetais — lenha, restos de plantas e esterco — para cozinhar ou aquecer residências. Isso é quase uma exclusividade dos domicílios rurais e pobres nos países de baixa renda. A poluição interna do ar, portanto, não está tão diretamente ligada à queima de combustíveis fósseis quanto a poluição externa do ar. Mesmo assim, a migração para fontes de energia limpa, com fornecimento acessível de eletricidade em áreas rurais graças a instalações solares e eólicas de pequeno porte, também eliminará a necessidade da queima de biomassa no âmbito doméstico. Isso, por sua vez, erradicará a poluição interna do ar.

Os riscos que a poluição do ar representa à saúde caíram de forma significativa em nível global nos últimos trinta anos. Assim, em 1990, o número de mortes relacionadas à poluição do ar era de 111 a cada 100 mil pessoas. Em 2017, o número havia caído para 64 mortes a cada 100 mil. No entanto, quase toda essa melhora resultou de reduções da poluição interna do ar — ou seja, menos domicílios queimando combustíveis sólidos para controle térmico. Não houve praticamente nenhum avanço na redução dos riscos à saúde provenientes da poluição externa do ar durante o mesmo período. Na realidade, sem transição para uma matriz global de energia limpa, os impactos da poluição externa do ar tendem a piorar com o tempo. Isso se deve à crescente migração, nos países de baixa renda, de habitantes das zonas rurais para as cidades. A piora da qualidade do ar tem sido uma característica da atual trajetória de crescimento econômico das cidades, que têm nos combustíveis fósseis sua principal fonte de energia.

Um relatório escrito por James Boyce, economista da Universidade Amherst Massachusetts, com foco na situação específica da cidade de Nova Deli em 2015, capta com nitidez as condições de crescimento acelerado dos grandes centros urbanos nos países de baixa renda:

> Um dos poluentes do ar mais perigosos são os materiais particulados. Em Deli, eles provêm de muitas fontes, incluindo os caminhões a diesel autorizados a cruzar a cidade durante a noite, a frota crescente de veículos particulares, as usinas de queima de carvão e olarias no entorno da cidade, os restos de construção e a queima de lixo ao ar livre. Os particulados são medidos conforme um Índice de Qualidade do Ar (AQI, na sigla em inglês). Um AQI inferior a cinquenta é considerado "bom". Qualquer valor acima de trezentos é considerado "prejudicial" e seria o bastante para desencadear alertas de emergência em muitos países. Em Deli, eu logo adquiri

o hábito de checar os dados [em AQI] da estação mais próxima. Quando observei a medição na manhã do Dia dos Namorados, o AQI para particulados estava em 399. Durante a noite, ele atingira 668, extrapolando os limites da tabela AQI. Às vezes as marcas eram ainda mais altas. Um mês antes de eu chegar em Deli, o Centro de Ciência e Meio Ambiente, principal organização indiana de defesa do meio ambiente, divulgou os resultados de um estudo no qual diversos residentes locais foram munidos de equipamentos portáteis para monitorar os níveis de poluição ao desempenharem suas atividades rotineiras em um dia comum. Algumas das leituras excediam os mil pontos.[37]

Não há dúvida de que, na maioria dos casos, as condições em países de alta renda não são tão severas. Tanto é que a taxa média de mortes causadas pela poluição do ar nos Estados Unidos e na Alemanha representa um sétimo da verificada na Índia, enquanto no Japão esse número relativo é ainda menor (um doze avos). Os riscos da poluição externa do ar à saúde, contudo, também são relevantes na maior parte dos países de alta renda. Eles também variam muito dentro de um mesmo país de alta renda conforme a classe social e o grupo étnico. Boyce e seus coautores também realizaram um trabalho pioneiro a respeito disso, documentando tais disparidades no contexto estadunidense. Em um estudo de 2014, eles descobriram que, por exemplo, no meio-oeste do país, as pessoas negras e pobres recebem quase o dobro de exposição a ar tóxico do que os brancos não pobres. Os brancos pobres estão treze por cento mais expostos que os brancos não pobres. Mas as pessoas negras não pobres enfrentam uma exposição até trinta por cento maior do que até mesmo os brancos pobres.[38]

Portanto, não restam dúvidas de que a poluição do ar e as mudanças climáticas possuem conexões profundas. A estabilização do clima por meio de um Green New Deal global também pode resolver a maioria dos problemas de poluição do ar e suas graves consequências para a saúde. Se eliminarmos a maioria das fontes de poluição atmosférica, os países de baixa e média renda serão desproporcionalmente beneficiados, assim como as minorias e populações pobres dos países de alta renda. Essa, portanto, é uma das razões pelas quais o Green New Deal global pode ser um programa unificado para promover a igualdade humana e a saúde do meio ambiente.

2.
Capitalismo e a crise climática

O Acordo do Clima da ONU de 2015 assinado em Paris, popularmente conhecido como COP21, foi saudado por líderes mundiais (com exceção de Donald Trump) como um grande êxito diplomático, mas também foi devidamente criticado por ambientalistas e outros grupos por sua falta de vigor. De fato, não há obrigações no Acordo de Paris. Noam, por que é tão difícil cobrar responsabilidades na luta contra as mudanças climáticas?

NC: Se olharmos para além da COP21, há muito a dizer sobre a dificuldade de cobrar essas responsabilidades. Agora, a falta de vigor do Acordo de Paris tem uma resposta bem objetiva.

A meta original era estabelecer um acordo de compromissos vinculados. Laurent Fabius, presidente da cúpula, reiterou muito essa meta. Mas havia um obstáculo: o Partido Republicano dos Estados Unidos, no controle do congresso à época, não aceitaria nenhum acordo significativo. As lideranças republicanas foram admiráveis em sua franqueza ao revelarem sua intenção de sabotar o Acordo de Paris. Um dos motivos, nem um pouco dissimulado, era a determinação do rolo compressor republicano em passar por cima de qualquer coisa feita pelo odiado Obama. Esse objetivo foi exposto de maneira bem clara pelo líder da maioria no senado, Mitch McConnell, quando Obama foi eleito. Outra razão é sua oposição *a priori* de quaisquer limites externos sobre o poder dos Estados Unidos. Mas essa decisão pontual foi um desdobramento direto da rejeição homogênea das lideranças do partido a qualquer esforço para confrontar a iminente crise ambiental, uma posição que remete em grande parte à história de submissão do partido aos poderes corporativos e às riquezas privadas, acentuada durante os anos de neoliberalismo.

Seguindo um plano elaborado em minúcias pelos republicanos, McConnell informou às embaixadas estrangeiras, segundo fontes citadas pela *Politico*, que "os republicanos pretendem combater as pautas climáticas de Obama em todas as sessões de votação". Ele também deixou claro que todo acordo que chegasse ao senado, então controlado pelo partido, já estaria "morto de saída". "Não há 'nenhuma chance' de que um acordo desses possa superar a barreira de dois terços dos votos", disse um republicano lobista do setor de energia. "Tenho poucas certezas na vida, mas essa é uma delas." Os republicanos também deixaram claro que iriam "bloquear o pedido de

Obama para fornecermos [os Estados Unidos] bilhões de dólares para auxiliar os países pobres a se adaptarem aos efeitos de um planeta mais quente" e que sabotariam outras iniciativas para tratar do aquecimento global. "Eles estão se tornando o partido dos supervilões do clima", apontou um articulista de forma sucinta.[1]

É importante reconhecer a natureza dessa organização. Caso alguém ainda não houvesse entendido, ela ficou muito evidente durante as eleições primárias do Partido Republicano de 2016, com a participação de figuras consideradas a nata de seu viés político — exceto pelo intruso que acabou saindo de lá com o prêmio nas mãos, para desânimo do *establishment* republicano. Todos os candidatos, naquela oportunidade, negaram a realidade do que está acontecendo hoje, ou disseram que talvez até possa haver algo, mas que isso não tem importância (foi a mensagem dos "moderados" Jeb Bush, ex-governador do estado de Ohio, e John Kasich, atual ocupante do cargo[2]). Kasich era considerado o mais sério e sóbrio dos candidatos. Ele destoou dos demais ao reconhecer os fatos básicos, mas acrescentou: "Nós vamos queimar [carvão] em Ohio e não pediremos desculpas por isso".[3] O que significa apoiar de forma irrestrita a destruição de qualquer perspectiva de vida humana organizada. A figura mais respeitável assumira a postura mais grotesca.

Por incrível que pareça, o espetáculo assombroso não recebeu praticamente nenhum (se é que recebeu algum) comentário na grande mídia, fato em si de importância considerável.

É interessante analisarmos como essa situação memorável veio a ocorrer. Existem algumas razões mais amplas, e não temos espaço para elencá-las aqui, mas também outras bem pontuais — e reveladoras. Uma década atrás, embora já extrapolasse bastante o espectro normal da política parlamentar, a instituição republicana não negava com firmeza aquilo que suas lideranças sabiam tratar-se de um fato real. Entender o que causou essa mudança nos fornece alguns *insights* a respeito da política contemporânea, hoje impactados pelos mais dedicados e reacionários membros do empresariado — estrato social que sempre teve grande consciência de classe.

Pudemos vislumbrar esse mundo após a morte de David Koch, em agosto de 2019. Seu falecimento coincidiu com a divulgação de um estudo amplo e aprofundado sobre o império Koch e o poder corporativo nos Estados Unidos escrito por Christopher Leonard, que discutiu algumas de suas descobertas em artigos e entrevistas. Leonard descreve David Koch como "o maior dos negacionistas", um homem que refutava o aquecimento global antropogênico de forma ferrenha e sincera. Deixemos de lado a suspeita de que isso possa guardar alguma relação com o fato de que uma boa parte de sua imensa fortuna tenha sido beneficiada por esse mesmo negacionismo — estamos falando da possível perda de até trilhões de dólares em um período de uns trinta anos ou mais, caso a pauta do negacionismo fracassasse, segundo estimativas de Leonard.[4] Ainda assim, vamos deixar de lado nossa descrença por alguns instantes e aceitar que as convicções de Koch eram de todo sinceras. Não seria uma grande surpresa. Não há dúvida de que John C. Calhoun, o grande ideólogo da escravidão, acreditava sinceramente que os abomináveis campos de escravizados do sul dos Estados Unidos eram um alicerce imprescindível para a construção de uma civilização mais elevada. E há outros exemplos que, por educação, não mencionarei aqui.

O negacionismo dos irmãos Koch ia muito além de meros esforços de convencimento. Eles lançaram imensas campanhas para garantir que nenhuma atitude fosse tomada no sentido de impedir a exploração de combustíveis fósseis, base de sua fortuna. Como Leonard conta, "David Koch trabalhou de forma incansável durante décadas para alijar do congresso qualquer republicano moderado disposto a propor algum tipo de regulação dos gases de efeito estufa".[5] Mas esses esforços não foram de todo bem-sucedidos. Entre 2009 e 2010, os republicanos flertavam com a realidade e esboçavam apoiar um plano de comércio internacional de emissões baseado no funcionamento atual dos mercados. John McCain alertou para os riscos das mudanças climáticas ao concorrer à presidência pelos republicanos em 2008. Com a ajuda de Mike Pence e outros de sua estirpe, o colosso dos Koch conseguiu dar um basta a essa heresia, livrando o partido de moderados não alinhados ao negacionismo e pressionando os recalcitrantes com uma mescla de difamação pública e financiamento privado. Podemos ver agora as consequências disso. As lições sobre "a existência de uma real democracia" também.

A rede dos Koch, escreve Leonard, "tentou construir um Partido Republicano à sua imagem: uma entidade que não apenas se recusa a cogitar qualquer ação referente às mudanças climáticas, mas também continua negando que o problema seja real" — com surpreendente sucesso. O colosso de fato impressiona. Não restou pedra sobre pedra: redes de doadores ricos, *think tanks* dedicados a transformar discursos, um dos maiores grupos de *lobby* do país, a organização de grupos "voluntários" (em sua aparência), de militância de base etc., em resumo, eles criaram e moldaram o Tea Party [Partido do Chá]. E ainda havia muitas outras metas, como sabotar direitos trabalhistas, destruir sindicatos e barrar políticas governamentais que pudessem ajudar as pessoas: os assim chamados "libertários" à moda estadunidense.[6]

O colosso dos irmãos Koch se destaca por seu planejamento cuidadoso e pelo uso bem-sucedido dos imensos lucros obtidos com a poluição da atmosfera livre de contrapartidas — uma mera "externalidade", na terminologia do ramo. Mas também é um símbolo do capitalismo selvagem que se torna cada vez mais evidente assim como o projeto neoliberal, que serviu tão bem às riquezas privadas e ao poder corporativo que se vê ameaçado.

Os dois partidos políticos dos Estados Unidos deslizaram mais para a direita durante os anos liberais, à semelhança do que ocorreu na Europa. Hoje, o "democrata padrão" é mais ou menos como alguém que seria considerado um "republicano moderado" alguns anos atrás. A maioria dos republicanos extrapolou os limites do espectro. Estudos comparativos mostram que seus posicionamentos gerais são hoje comparáveis aos dos partidos de extrema direita europeus. Além disso, trata-se do único grande partido conservador que rejeita as mudanças climáticas antropogênicas, como já mencionado: uma anomalia global.

O posicionamento das lideranças com relação ao clima certamente tem influência nas atitudes dos demais partidários. Apenas cerca de 25 por cento dos republicanos (36 por cento dos *millennials* mais bem informados) reconhecem que os humanos são responsáveis pelo aquecimento global.[7] Dados estarrecedores. No ranking de maiores prioridades dos republicanos, o aquecimento global permanece muito em baixa (se é que figura em alguma posição) conforme avançamos em um ano eleitoral. Talvez seja ultrajante para alguns a afirmação de que o Partido Republicano é hoje a organização mais perigosa da história da humanidade. Talvez, mas à luz de tudo o que está em jogo, há alguma outra conclusão racional possível?

Mesmo sem o obstrucionismo dos republicanos, é improvável que os Estados Unidos tivessem assumido compromissos sérios em Paris. O país raramente ratifica convenções internacionais, e quando o faz costuma ser com ressalvas que o poupem. Isso vale até mesmo para a Convenção para a Prevenção e a Repressão do Crime de Genocídio, assinada pelos Estados Unidos após quarenta anos, mas excluindo do documento eles próprios, que se reservam o direito de cometer genocídio. Há muitos outros exemplos.

Voltando à COP21, a razão imediata para a falta de vigor do acordo é o Partido Republicano, mas as chances de que os Estados Unidos assumissem compromissos sérios seriam pequenas mesmo sem a obstrução da organização mais perigosa da história da humanidade.

Por trás desse obstrucionismo há uma questão persistente, formulada por Alon Tal: por que é tão difícil para os governos confrontar essa crise de forma realista? E outra questão, ainda mais subjacente: por que a população está tão disposta a virar o rosto quando o que está em jogo é literalmente a sobrevivência da vida humana organizada?

Uma resposta foi oferecida por um participante da notável revolta dos Coletes Amarelos na França. O disparador imediato da revolta foi a proposta feita em 2018 pelo presidente Emmanuel Macron de elevar os impostos sobre combustíveis, justificando-a com preocupações ambientais. A medida seria dura sobretudo para os mais pobres e trabalhadores de áreas rurais. Mas, de forma mais geral, o pano de fundo para os protestos era todo o conjunto de "reformas" de Macron, que beneficiaria os ricos e prejudicaria os pobres e trabalhadores. O participante em questão, talvez ele próprio um ambientalista dedicado, como eram tantos outros, disse: "Vocês falam em 'fim do mundo', mas nós estamos preocupados com o 'fim do mês'. Como sobreviveremos às suas 'reformas'?".

Uma pergunta justa, que logo se tornou uma frase símbolo das manifestações espontâneas que varreram Paris e boa parte do resto do país. E uma questão que não pode ser negligenciada pelo movimento ambientalista.

O aquecimento global parece algo abstrato. Quem entende a gravidade da diferença entre 1,5°C e 2°C, em comparação à diferença de colocar ou não comida na mesa de seus filhos no dia de amanhã? Verdade, há mais tempestades, mais ondas de calor e outros distúrbios atualmente, mas todos, sem dúvida, podemos nos lembrar de algo parecido a partir de nossas experiências pessoais. Eu sobrevivi a muitos furacões em Massachusetts, mas nenhum tão feroz quanto aquele ocorrido quase setenta anos atrás. Sendo assim, será que Trump não tem razão ao dizer que o clima está sempre mudando — às vezes esquenta, às vezes esfria? É fácil cair nessa armadilha quando sua maior preocupação é ter comida na mesa amanhã.

E por que seguir a melancólica sugestão do presidente Carter de desligar o aquecedor, vestir um blusão grosso e abraçar um retrocesso geral em nosso estilo de vida enquanto bilhões de indianos e chineses (pelo que ouvimos na Fox News) despejam poluentes na atmosfera sem pudores?

Ou pensemos nos mineradores do estado da Virgínia Ocidental, que aplaudiam o comício de Bernie Sanders até ele dizer que, para termos qualquer chance razoável de sobrevivência, devemos parar de produzir carvão. Ninguém aplaudiu essa frase. Para eles, isso significaria perder seus empregos, e as alternativas (integrar-se ao crescente setor de serviços ou instalar painéis solares) não são lá muito atraentes — dentre outros motivos, porque isso significaria ficar sem aposentadoria e plano de saúde, direitos conquistados em duros embates sindicais e vinculados ao emprego formal. Ao perder o emprego você não perde apenas a dignidade pessoal, mas também seus meios de sobrevivência.

Aqui nos deparamos com uma decisão fatídica enfrentada pelo sindicalismo estadunidense dos anos 1950: a opção pelos interesses da classe, com assinatura de acordos referentes a salários e benefícios com administradores corporativos mas, ao mesmo tempo, total abdicação do controle sobre o espaço de trabalho e de reformas sociais mais amplas. A decisão tomada por alguns desses líderes sindicais contrastava com a escolha feita pelos sindicatos do Canadá, por exemplo, que lutaram por planos de saúde para toda a população, e não apenas para suas classes. E os resultados são bastante visíveis. O Canadá tem um sistema de saúde que funciona, enquanto o estadunidense é um escândalo internacional que custa mais ou menos o dobro do que em países comparáveis, mas apresenta resultados relativamente ruins, em boa parte graças à ineficiência, à burocratização e à sede de lucro do sistema de saúde nacional, privatizado em ampla escala.

Ao optarem pelo corporativismo, os líderes sindicais estadunidenses deixaram esses mineradores e outros como eles à mercê dos empresários, que se viram livres para cancelar qualquer barganha. E foi o que fizeram, de forma um tanto drástica, já no início da era liberal. Em 1978, Doug Fraser, o presidente do sindicato dos metalúrgicos dos Estados Unidos, o UAW, por fim reconheceu que as classes empresariais jamais abandonaram a guerra de classes, embora os líderes sindicais tenham concordado em fazer isso. Fraser criticou os "líderes da comunidade empresarial" por terem "decidido empreender uma guerra de classes unilateral em nosso país — uma guerra contra os trabalhadores, os desempregados, os pobres, as minorias, os muito jovens e os muito velhos, e até mesmo contra boa parte da classe média de nossa sociedade" e por terem "rompido e descartado o frágil pacto tácito que vigorou durante um período de progresso e crescimento".[8] Isso não é nenhuma surpresa, especialmente por se tratar dos Estados Unidos, onde a comunidade empresarial tem muita consciência de classe e ostenta uma amarga história de supressão violenta dos sindicatos, bastante atípica nos países desenvolvidos.

A isso seguiram-se os anos de globalização neoliberal, moldada de maneira a beneficiar os interesses de investidores e dos grandes proprietários às custas dos trabalhadores estadunidenses, com "reformas" neoliberais guiadas sempre pelos mesmos imperativos fundamentais. Acredito que todos conhecemos bem os resultados. A concentração de renda disparou, acarretando consequências óbvias para o funcionamento da democracia, enquanto o valor real dos salários se estagnou. Os trabalhadores têm hoje quase o mesmo poder de compra que tinham há quarenta anos.[9] Os sindicatos estiveram sob forte ataque durante a gestão extremamente antitrabalhista de Reagan, processo levado adiante por seus sucessores. A destruição do movimento sindical é uma grande conquista das políticas neoliberais, seguindo a doutrina de Thatcher segundo a qual não existe sociedade, apenas indivíduos, criaturas isoladas que enfrentam a disciplina do mercado por conta própria, de forma desorganizada. Esse é um princípio central do neoliberalismo que remonta às suas origens austríacas dos anos 1920. É por isso que o guru "libertário" de extrema direita Ludwig von Mises, interessado em preservar a "economia sólida" contra qualquer interferência, saudou com entusiasmo a demolição do robusto movimento sindical e da social-democracia na Áustria por meio da violência de Estado em 1928, o que abriu caminho para o fascismo austríaco. Em sua principal obra, *Liberalismo*[10], ele exaltou o fascismo como o salvador da civilização europeia.

Para sermos claros, o princípio de atomização só vale para o que Thorstein Veblen chamou de "populações inferiores". Aqueles que importam, a riqueza privada e o poder corporativo, perseguem seus objetivos de classe de maneira altamente organizada, manipulando o poder do Estado em prol de seus interesses, enquanto os demais se tornam "um saco de batatas", para pegarmos emprestada a expressão de Marx em sua condenação dos regimes autocráticos de sua época. O saco de batatas, desorganizado e cada vez mais relegado a formas precárias de vida e trabalho, é muito mais fácil de controlar.

Voltando aos mineradores e aos muitos como eles, é fácil elencar bons motivos por que se identifiquem com o *slogan* dos Coletes Amarelos e demonstrem resistência às mobilizações de massa necessárias para que possamos superar a crise ambiental.

Os exemplos oferecem algumas lições importantes para organizadores e ativistas. O resgate do movimento sindical é tarefa essencial, por muitos motivos. Um deles é a crise climática. Se o saco de batatas se tornar organizado, ativo e dedicado, pode virar uma força de liderança dentro do movimento ambientalista. Afinal de contas, estamos falando de pessoas cujas vidas e cujo futuro estão em risco. Não se trata de um sonho ingênuo. Nos anos 1920, o robusto movimento sindical dos Estados Unidos fora esmagado pela opressão estatal e empresarial, muitas vezes por meio do uso direto da violência. O título do clássico livro do historiador sindical David Montgomery *The Fall of the House of Labor* refere-se a esse período. Contudo, alguns anos mais tarde, um movimento trabalhista de militância vibrante nasceu das cinzas e encabeçou as reformas do New Deal, políticas que melhoraram muito a vida dos estadunidenses durante o período de crescimento do pós-guerra, antes de ser vitimado pelo ataque neoliberal. Vale a pena lembrar que a revolução de Bernie Sanders não teria impressionado muito Dwight Eisenhower, apoiador declarado das medidas do New Deal.

Talvez seja útil relembrarmos as atitudes do último presidente conservador, só para ver a que ponto chegamos durante a era neoliberal. Eisenhower declarou:

> Não vejo utilidade naqueles que, independentemente de seu partido político, sustentam o sonho tolo de retroceder o relógio até os dias em que os trabalhadores desorganizados compunham uma massa amorfa, quase desesperada [...]. Apenas um punhado de reacionários retrógrados alimenta a ideia lamentável de desmantelar os sindicatos. Somente um tolo tentaria privar trabalhadores e trabalhadoras do direito de se unirem ao sindicato de sua escolha [...]. Se algum partido político tentasse abolir a seguridade social e o seguro-desemprego ou eliminar as leis trabalhistas e os programas de incentivo rural, ele nunca mais figuraria em nossa história política.

Claro, existe um pequeno grupo disperso que acredita na viabilidade desses atos. Dentre eles estão [...] uns poucos [...] milionários texanos do ramo petrolífero e, eventualmente, algum político ou homem de negócios de outras regiões. Eles são poucos e estúpidos.[11]

Na realidade, eles não eram nada estúpidos. Eram dedicados e estavam bem organizados, à espera de uma oportunidade para mostrar que "esses atos eram viáveis". Eles constituíram a força propulsora da era neoliberal.

O resgate do movimento sindicalista dos anos 1930 estabelece um precedente importante, mas há casos mais recentes. É bom lembrar que um dos primeiros e mais proeminentes ecologistas foi um líder sindical, Tony Mazzocchi, líder do Sindicato Internacional de Trabalhadores Químicos, Petrolíferos e Atômicos (OCAW, na sigla em inglês). Os membros de seu sindicato estavam bem na linha de frente, testemunhando a destruição do meio ambiente a cada dia de trabalho, e foram vítimas diretas do ataque das corporações a vidas de indivíduos. Sob a liderança de Mazzocchi, o OCAW foi a força principal por trás da implementação nos anos 1970 da Lei de Saúde e Segurança Ocupacional (OSHA, na sigla em inglês), que protegia os trabalhadores dos Estados Unidos no espaço de trabalho. A lei foi assinada pelo último presidente liberal do país, Richard Nixon — "liberal" à maneira estadunidense, ou seja, um social-democrata moderado.

Mazzocchi foi um crítico ferrenho do capitalismo e um ambientalista dedicado. Ele defendia que os trabalhadores deveriam "controlar o ambiente fabril" e, ao mesmo tempo, assumir a liderança no combate à poluição industrial. Em 1980, quando já estava claro que os democratas haviam abandonado os trabalhadores e abraçado seus inimigos de classe, Mazzocchi começou a defender um Partido Trabalhista de base sindical. A iniciativa progrediu consideravelmente nos anos 1990, mas não conseguiu sobreviver ao declínio do movimento sindical, sob graves ataques coordenados do governo e das empresas, uma reminiscência dos anos 1920.[12]

Seria possível resgatar o projeto, exatamente como ele era no passado. A recente militância do ascendente setor de serviços, que vimos nos últimos tempos, pode ser um prenúncio do que está por vir. O mesmo vale para as impressionantes greves de professores em estados de maioria republicana com o objetivo não apenas de aumentar salários miseráveis, mas também, e ainda mais importante, de aprimorar o (infelizmente) sucateado sistema de escolas públicas, outro alvo do ataque neoliberal contra a sociedade. O caminho que Mazzocchi tentou criar (a militância trabalhista como força motriz dos movimentos ambientalistas) não é um sonho ingênuo, mas uma meta a ser perseguida.

Conhecemos os impactos dos gases de efeito estufa desde meados do século XIX, e alguns cientistas começaram a alertar para os possíveis riscos de um planeta mais quente décadas atrás. Ainda assim, há quem negue a existência das mudanças climáticas, ou que a ação humana seja a causa do aquecimento global. Mas é mesmo suficiente apontar a ação humana como causa desse fenômeno? Não deveria-

mos entender essa crise como resultado do sistema econômico específico que orientou nossa vida econômica nos últimos quinhentos anos? Em caso afirmativo, como exatamente o capitalismo e a crise climática se interconectam?

NC: Ninguém exaltou as façanhas do capitalismo mais do que Karl Marx, que, bem sabemos, não se eximiu de enfatizar e explorar suas horríveis consequências humanas e materiais, sobretudo a "ruptura metabólica", conceito amplamente esmiuçado por John Bellamy Foster: a tendência iminente do capitalismo de degradar o meio ambiente que torna a vida possível.[13]

Ao analisarmos o impacto do capitalismo e as opções que ele pode oferecer, vale a pena ter em mente a real natureza dos sistemas designados por esse termo um tanto vago. No espectro das principais sociedades de capitalismo de Estado (pessoalmente, inclino-me a incluir a União Soviética na lista, mas vamos deixá-la de lado), os Estados Unidos se situam no extremo da ortodoxia capitalista. Nenhum outro país exalta tanto aquilo que o economista Joseph Stiglitz, 25 anos atrás, criticou como "a 'religião' para a qual o mercado tem a resposta" (isto é, exalta ao menos em palavras; na prática a situação é diferente). Pensemos, então, no sistema econômico do país ao longo da história e nos dias de hoje, deixando de lado o papel que o Estado desempenhou no esvaziamento do território nacional do flagelo indígena e no roubo de metade do México em uma guerra agressiva, o que propiciou aos Estados Unidos vantagens naturais sem paralelo na história.

O alicerce do desenvolvimento econômico dos Estados Unidos (e também da Grã-Bretanha) foi o mais atroz sistema de escravidão da história humana, qualitativamente diferente de qualquer um que veio antes. Isso criou o "império do algodão" (termo bastante adequado cunhado por Sven Beckert): a base para o comércio, as finanças e a manufatura. Uma intervenção bastante severa no sagrado mercado. A narrativa prossegue. O sistema hamiltoniano de altas tarifas permitiu que a indústria se desenvolvesse no âmbito doméstico enquanto as colônias recém-libertadas rejeitavam com firmeza a receita de Adam Smith para manter uma economia sólida, produzindo bens primários e adotando as manufaturas britânicas, de qualidade superior, conforme suas vantagens comparativas. A nação foi ainda muito ajudada pela tomada de tecnologias britânicas, mais avançadas, de formas que hoje são consideradas "roubo" quando praticadas por outros. Com justiça, o historiador econômico Paul Bairoch descreveu os Estados Unidos como "o país de origem e um bastião do protecionismo" em meados do século XX, quando sua economia já estava tão à frente das demais que o "livre-comércio" começou a parecer bom negócio — postura idêntica à dos britânicos um século antes. A partir de uma longa análise, Bairoch conclui que "é difícil encontrar outro caso em que os fatos contradizem tanto a teoria dominante [como no caso da teoria] que diz respeito ao impacto negativo do protecionismo".[14]

 Dando um grande salto, o sistema estadunidense de produção em massa que deixou o mundo maravilhado (controle de qualidade, partes intercambiáveis, taylorismo) foi desenvolvido em sua maioria dentro dos arsenais e instalações militares do governo. Passando para o presente, o que chamam enganosamente de "complexo militar-industrial" (e é, mais precisamente, a nova economia high-tech) é em grande parte o resultado de pesquisas financiadas com dinheiro de impostos. Essas pesquisas de desenvolvimento requerem um período criativo custoso e arriscado que não raro se estende por décadas antes de serem entregues a empreendimentos privados, que então adaptam as tecnologias para o mercado e coletam os lucros. O sistema bem que poderia ser chamado de "subsídio público, lucro privado"; ele assume muitas formas, incluindo aquisições privadas de bens públicos. Isso vale para tecnologias que usamos hoje, como os computadores e Internet, e também para muito mais.

Claro, não é assim tão simples. Estamos falando apenas de uma casquinha sobre a superfície da questão, mas o importante aqui é que o dito "capitalismo" sabe bem como absorver de pronto grandes iniciativas de política industrial, subsídios públicos, iniciativas estatais e interferência nos mercados, coisas que já fez muitas vezes ao longo da história. As implicações disso para a atual crise ecológica são bastante claras.

Para retomarmos a questão específica: sem restrição, os elementos básicos do capitalismo, tanto ideológicos como institucionais, levam diretamente à destruição dos fundamentos da vida social organizada. Vemos isso de forma drástica todos os dias. Peguemos por exemplo o caso amplamente estudado do imenso conglomerado energético ExxonMobil. Nos anos 1960, seus cientistas foram pioneiros ao revelarem a grande ameaça do aquecimento global. Em 1988, o geofísico James Hansen emitiu o primeiro grande alerta público sobre as dimensões dessa ameaça. A reação da mesa diretora da ExxonMobil foi desencadear um programa negacionista que assumiu muitas formas: na maior parte do tempo, a estratégia consistia em semear dúvidas, uma vez que a simples negação era muito facilmente refutável. É assim até os dias de hoje. Recentemente, a ExxonMobil, ao lado dos irmãos Koch, protocolou uma reclamação formal junto à NASA em objeção ao relatório da agência segundo o qual 97 por cento dos cientistas climáticos concordam que o aquecimento global causado pelos humanos é real. O consenso de 97 por cento foi bem embasado por estudos muito cuidadosos, mas um elemento crucial da estratégia negacionista é semear dúvidas. A estratégia tem sucesso notável: apenas vinte por cento dos estadunidenses sabem que mais de noventa por cento dos cientistas do clima aceitam esse consenso esmagador.[15] Tudo isso é feito sob plena ciência de que se trata de uma enganação com consequências malignas severas.

Ainda mais maligna do que a negação é a prática. A ExxonMobil lidera a expansão da produção de combustíveis fósseis. Ao contrário de algumas outras grandes petrolíferas, ela não deseja gastar nem mesmo somas módicas com energias sustentáveis: "Em um relatório de março [2014] sobre o risco do carbono para os acionistas", afirma o departamento de imprensa da corporação, "a ExxonMobil (XOM) argumentou que seu foco concentrado nos combustíveis fósseis é uma estratégia sólida, independente-

mente das mudanças climáticas, porque o mundo precisa de muito mais energia, e a probabilidade de uma redução de carbono significativa é 'muito reduzida'".[16]
 Como atenuante, podemos afirmar que a Exxon-Mobil é apenas mais honesta que suas concorrentes ao seguir a lógica capitalista. O mesmo artigo relata a decisão da Chevron de encerrar seus pequenos e lucrativos projetos de energia sustentável porque os lucros com a destruição do meio ambiente são maiores. As demais não são tão diferentes assim. Neste momento, a Royal Dutch Shell comemora a implementação de uma imensa fábrica de plástico não biodegradável, tendo total conhecimento de que isso destruirá os oceanos.[17]
 O mesmo cinismo também predomina em outros setores da classe dominante. O CEO do JPMorgan Chase conhece a gigantesca ameaça do aquecimento global tão bem quanto qualquer outra pessoa instruída — e, em sua vida privada, pode ser até que contribua para ONGs ambientais como o Sierra Club. Mas ele tem despejado imensos montantes no desenvolvimento de combustíveis fósseis, incluindo o mais perigoso de todos eles, as areias betuminosas canadenses — uma favorita do setor de energia.
 É fácil ampliar essa lista. Todos eles seguem uma lógica capitalista impecável, mesmo sabendo exatamente das consequências e, em certo sentido, não tendo qualquer escolha individual: se um CEO tomasse uma decisão diferente, acabaria substituído por alguém que faria o mesmo que eles fazem hoje. É um problema institucional, e não meramente individual.

Podemos acrescentar a essa lista lúgubre a publicação constante, nos melhores jornais, de artigos eufóricos sobre como a prática do fraturamento hidráulico colocou os Estados Unidos de volta no páreo de maiores produtores dos mesmos combustíveis fósseis que levarão à nossa destruição, conquistando assim sua "independência energética" (seja lá o que isso signifique) e fornecendo ao país os meios necessários para que persiga seus objetivos internacionais (benignos por definição) sem se preocupar com o mercado de energia. Dentre esses objetivos podemos elencar a imposição de máximo sofrimento às populações do Irã e da Venezuela. De vez em quando até pipocam algumas palavras referentes às consequências ambientais, como "o fraturamento no estado do Wyoming pode comprometer o fornecimento de água para rancheiros". Mas se decepcionará aquele que procurar comentários a respeito das consequências da prática para o futuro da vida na Terra.

Mais uma vez, como atenuante, devemos reconhecer que fazer referências a questões secundárias como a sobrevivência da humanidade seria uma violação ao cânone da "objetividade" e implicaria um "viés ideológico": os editores encomendaram uma matéria sobre fraturamento hidráulico e sua contribuição para a liderança dos Estados Unidos na produção de combustíveis fósseis. A sobrevivência humana deve ser delegada a alguma rara coluna de opinião. Por óbvio, o efeito disso é inculcar de forma mais profunda a sensação de que "não há com o que se preocupar". Se houver algum problema, a engenhosidade humana encontrará uma maneira de lidar com ele.

Por fim, talvez valha a pena apontar que não só os administradores das grandes corporações, mas também os negacionistas mais radicais têm plena consciência do desastre iminente para o qual contribuem. A capitulação dos irmãos Koch uma década atrás é um exemplo disso. Outro é o presidente, que entende suficientemente o problema para recorrer ao governo irlandês pedindo permissão para construir um muro que proteja seu campo de golfe contra a elevação dos oceanos.[18] Algumas coisas são importantes.

Para encerrar a questão, podemos destacar um forte concorrente a documento mais estarrecedor da história humana, um estudo produzido pelo governo Trump em agosto de 2018: quinhentas páginas sobre o impacto ambiental de autoria da Secretaria Nacional de Segurança Rodoviária, que concluiu que não havia necessidade de nenhuma nova restrição para as emissões automotivas. Os autores tinham um argumento consistente: sua análise concluía que, até o fim do século, as temperaturas estarão 4°C acima dos níveis pré-industriais, quase o dobro do que a comunidade científica considera catastrófico. As emissões automotivas são apenas um dos fatores que contribuem para a catástrofe total. Portanto, como as coisas já vão para o brejo mesmo, e em breve, por que não dirigir livremente enquanto o mundo pega fogo, em um incêndio que deixaria Nero morrendo de inveja?[19]

Se alguém for capaz de encontrar um documento de comparável malevolência na história registrada, por favor, eu gostaria de ser informado. Mesmo a Conferência de Wannsee das lideranças nazistas, realizada em janeiro de 1942, clamava pela destruição somente dos judeus europeus, e não pela maioria das formas de vida humana e animal na face da Terra.

Como de costume, a publicação e a circulação do estudo não receberam quase nenhum comentário.

O argumento do governo Trump, claro, presume que a insanidade criminosa das lideranças do Partido Republicano é universal e, portanto, nada será feito para evitar a catástrofe. Mas, deixando de lado a atitude deles, para a qual não existem palavras adequadas em nossa língua, o que interessa aqui é a confissão inconteste do que fazem ao eliminar qualquer barreira para o aumento do uso de combustíveis fósseis destrutivos e encher os bolsos já abarrotados de sua principal base política, composta pelo capital e pelo poder privado.

Em resumo, a lógica capitalista, se não for limitada, é uma receita para a destruição. No entanto, um simples estudo das escalas de tempo revela que os riscos para a nossa existência devem ser enfrentados dentro das configurações dos sistemas de Estados capitalistas. Eles podem abrigar interferências radicais no mercado e grandes iniciativas estatais. Desenvolver essas alternativas é uma das tarefas cruciais dos movimentos sociais. Outra é sabotar paralelamente sua lógica essencial, preparando o terreno para uma sociedade mais saudável.

Oportunidades não faltam. Já mencionei aqui as iniciativas de Tony Mazzocchi. Suas chances de sucesso estavam dentro dos limites do realismo, e ainda estão. E existem outras. Vamos exercitar a imaginação. Suponhamos que, em 2008, quando a Grande Recessão chegou, o presidente em exercício não estivesse emaranhado na mais estrita lógica capitalista. Que fosse alguém como Bernie Sanders, quem sabe. Suponhamos que, além disso, esse presidente tivesse apoio no congresso e respaldo de movimentos populares de militância. Havia opções. Uma delas teria sido honrar a legislação do congresso, que garantiria planos de resgate bancados pelo contribuinte às instituições financeiras responsáveis pela quebra, mas também auxílio para as vítimas que perderam suas casas. Essa possibilidade foi descartada: considerou-se que somente o primeiro compromisso valia a pena, decisão que enfureceu Neil Barofsky, inspetor-geral especial do Departamento do Tesouro, encarregado de supervisionar o Programa de Alívio de Ativos Problemáticos, ou TARP, na sigla em inglês. (Mais tarde, ele escreveu um livro furioso detalhando o crime.)[20] Evidentemente, havia outras escolhas possíveis.

Mas sejamos mais imaginativos, ainda que sem nos distanciarmos demais do mundo real. Quando a crise chegou, Obama praticamente estatizou a indústria automobilística dos Estados Unidos. Essa parcela decisiva do sistema industrial estadunidense ficou em boa medida à mercê do governo. Esse passo abria um leque de opções. Uma delas, adotada de forma automática, seria a de colocar o setor de volta nas mãos dos antigos presidentes e proprietários, talvez sob outros nomes, que então continuariam a produzir carros visando ao lucro como sempre fizeram. Outra opção seria entregar o setor nas mãos das partes diretamente interessadas — trabalhadores e a comunidade —, socializando uma parte central do sistema industrial do país. Talvez se, em vez do mero lucro, os responsáveis pelo resgate tivessem levado em consideração a vida humana, eles tomariam a decisão de redirecionar a produção, percebendo que um transporte de massa eficiente viabiliza uma vida melhor do que perder horas por dia inalando fumaça em congestionamentos — e também ameniza de forma muito significativa a iminente ameaça ambiental.

A socialização, no verdadeiro sentido da palavra, de uma parte decisiva do sistema industrial estadunidense, colocando-a sob controle dos trabalhadores e da comunidade, seria uma empreitada complexa e repleta de implicações. Provavelmente isso acarretaria outros efeitos de grande escala além da revitalização do movimento trabalhista, sem falar nos outros desdobramentos que o ato inspiraria. Estamos falando de um sonho utópico, que desafia a imaginação? Não me parece o caso. Essas oportunidades surgem o tempo todo, mesmo que em menor escala. Em anos recentes, empreendimentos controlados por trabalhadores e cooperativas têm proliferado. O Next System Project, inaugurado por Gar Alperovitz, tem coordenado e lançado diversos esforços do tipo, estabelecendo dentro de nossa sociedade os alicerces para uma outra sociedade futura, livre e democrática, conforme orientou Mikhail Bakunin.[21] E é possível contemplar metas consideravelmente maiores a partir de um viés realista.

Tampouco devemos ignorar o potencial do ativismo e das pressões populares. Para mencionar alguns poucos exemplos do início de 2020, em um relatório aos seus clientes vazado pela organização de ativismo ambiental Extinction Rebellion, o JPMorgan Chase revelou grandes preocupações com o aquecimento global. O banco, segundo o jornal britânico *The Guardian*, "alertou seus clientes de que a crise climática ameaça a sobrevivência da humanidade e de que o planeta se encontra em uma trajetória não sustentável [com] consequências irreversíveis" a não ser que essa trajetória seja modificada. Ele também reconhece que suas próprias estratégias de investimento devem mudar por causa dos "riscos à reputação" implicados pelo investimento em combustíveis fósseis.[22] A expressão "riscos à reputação" faz referência às pressões públicas. Provocar uma alteração das estratégias de investimento do "maior financiador de combustíveis fósseis do mundo" não seria um feito qualquer.

Para mencionar outro caso, o homem mais rico do mundo, Jeff Bezos, anunciou em fevereiro que o novo Bezos Earth Fund fornecerá 10 bilhões de dólares em bolsas de patrocínio a cientistas e ativistas em seus esforços para combater "o impacto devastador das mudanças climáticas para o planeta que todos partilhamos". Segundo o jornal *Washington Post*, esse anúncio ocorreu "um dia antes de funcionários da empresa — membros do Amazon Employees for Climate Justice [Funcionários da Amazon em prol da Justiça Climática] — planejarem pedir demissão como forma de protesto, alegando que a varejista e gigante da tecnologia precisa trabalhar mais para reduzir sua pegada de carbono", e no mesmo dia em que o programa documental Frontline, da rede de TV PBS, levou ao ar uma investigação sobre o "Império Amazon", destrinchando as práticas da empresa. Mais uma vez, uma decorrência do ativismo público.[23]

São muitas as oportunidades para impactarmos de forma significativa a prática e a consciência da sociedade.

E quanto ao argumento de que, na verdade, não é o capitalismo que deve ser responsabilizado pela atual crise climática, mas a industrialização em si? Afinal de contas, os danos ambientais causados pelo assim chamado "mundo socialista" (a antiga União Soviética e o Leste Europeu) durante sua breve existência estão bem documentados.

NC: Eu gostaria de enfatizar a expressão "assim chamado". Este não é o melhor lugar para debatermos o assunto, mas devemos analisar as afirmações dos grandes sistemas de propaganda com cuidado. Existiram dois principais: o imenso sistema dos Estados Unidos e seu deplorável equivalente oriental. Eles discordavam em muitas coisas, mas não em tudo. Os dois concordavam que a perversão radical do socialismo no Leste Europeu era "socialista"; os estadunidenses, para difamar o socialismo, e os soviéticos, para tentar se beneficiar de uma eventual aura moral do socialismo. Nós não nos inclinamos a fazer o mesmo.

O fato de que, de rédeas soltas, a lógica capitalista leva à destruição do meio ambiente de forma direta não implica que esse é o único caminho possível para tal desfecho. Há muito a dizer sobre o processo brutal e cruel que transformou a Rússia, uma sociedade camponesa paupérrima que havia séculos ficava cada vez mais defasada em relação ao Ocidente, em uma grande potência industrial, apesar de seus terríveis traumas de guerra.

Mas não há como escapar do fato de que isso teve um impacto ambiental devastador.

O modelo ocidental de industrialização se baseou na escravidão (criando "o império do algodão" e a base de boa parte da economia moderna), no carvão (encontrado em abundância na Inglaterra e, mais tarde, também em outros locais) e, no século XX, no petróleo. Tratava-se de uma necessidade? Havia outras formas de desenvolver uma sociedade industrial, talvez de um tipo muito diferente, com instituições sociais e econômicas radicalmente distintas e preocupação com o impacto social e humano das decisões tomadas e de suas implementações? Essa questão não foi explorada em profundidade, e as respostas não me parecem óbvias. Até que sejam investigadas, não acho que possamos chegar ao ponto de culpar a "industrialização em si". Talvez haja caminhos radicalmente opostos que não foram trilhados.

Bob, como você vê a relação entre capitalismo e mudanças climáticas?

RP: Não há dúvida de que a ascensão do capitalismo se deu de maneira fortemente atrelada à queima de combustíveis fósseis para a produção de energia e utilização de maquinário. A contaminação da atmosfera pelas emissões de CO_2, portanto, também está atrelada ao avanço do capitalismo industrial. Mas essa conexão não se dá pela mera necessidade dos capitalistas manufatureiros de fontes energéticas para suas máquinas no início da Revolução Industrial, entre o fim do século XVIII e o início do XIX. O que aconteceu de fato é que o carvão passou a ser utilizado de forma intensiva na Grã-Bretanha durante os anos 1830 para mover as máquinas a vapor utilizadas na produção de algodão e, mais tarde, de outros produtos manufaturados. Naquela época, o carvão estava em vias de suplantar a água como principal fonte de energia nas manufaturas. Por volta de 1850, sessenta por cento de todas as emissões globais de CO_2 provenientes de combustíveis fósseis eram geradas pela queima de carvão na Grã-Bretanha.

No entanto, como Andreas Malm demonstrou em detalhes no seu livro *Fossil Capital*[24] e em outros trabalhos, no início do século XIX, os manufatureiros da Grã-Bretanha recorreram ao carvão e às maquinas a vapor como substitutos de seus moinhos de água não porque o carvão e o vapor fossem uma alternativa mais barata (e muito menos mais limpa) do que a água. Na verdade, a energia hidráulica era mais barata na época, e a tecnologia das máquinas movidas a ela era mais avançada. Ao contrário, a esmagadora vantagem do carvão e do vapor era que eles não estavam vinculados a locais específicos. A água só podia ser utilizada em locais adjacentes a córregos de grande volume de água. Já o carvão permitia que as operações manufatureiras fossem instaladas em qualquer lugar onde ele pudesse ser entregue e queimado. Isso tornou muito mais fácil para as empresas convencer os trabalhadores a comparecerem nas fábricas, visto que, como era sabido, no geral as condições de trabalho eram abismais. Como escreve Malm:

Quando um manufatureiro se deparava com um córrego em um vale ou em torno da península de um rio, era pouco provável que ali também houvesse uma população predisposta ao trabalho fabril. A oportunidade de ir até um local para operar máquinas em longas jornadas fixas de trabalho, aglomerando-se com outros trabalhadores sob um mesmo teto com a supervisão implacável de um gerente, era repugnante para a maioria das pessoas, especialmente em áreas rurais.[25]

Por outro lado, também explica o autor:

O vapor era um passe livre para as cidades, onde uma abundante força de trabalho se encontrava à espera. O maior impacto da máquina a vapor não foi tanto suprir uma demanda muito necessária de energia, mas antes viabilizar a exploração do trabalho [...] uma vantagem grande o bastante para suplantar o baixo preço, a abundância perene e a superioridade tecnológica da água [...].[26]

Fornecer aos capitalistas essa nova liberdade de instalar suas operações manufatureiras em qualquer lugar onde fosse possível atrair uma força de trabalho para ser explorada em suas fábricas se tornou, por conseguinte, a força propulsora da expansão do capitalismo para além das fronteiras britânicas, adentrando o resto da Europa, a América do Norte e as colônias das diversas potências europeias. O próprio Marx descreveu com clareza esse crescimento explosivo do capitalismo no primeiro capítulo do *Manifesto Comunista*: "A necessidade de um mercado em constante expansão para seus produtos impele a burguesia a ocupar todo o globo terrestre. Ela deve se instalar em todos os cantos, estabelecer-se em todos os cantos, criar vínculos em todos os cantos".[27] Os capitalistas manufatureiros da época de Marx não teriam sido capazes de se instalar em todos os lugares, estabelecer-se em todos os lugares e criar vínculos em todos os lugares se tivessem ficado atrelados a recursos locais, como ocorria com a energia hidráulica.

Ao mesmo tempo, nós sabemos que, para o bem e para o mal, o capitalismo é capaz de se sair muito bem nos tempos presentes sem depender exclusivamente de carvão, petróleo e gás natural como fontes de energia. Trabalhadores são explorados na China, nos Estados Unidos, no Brasil e na Rússia, e em outros lugares, operando máquinas movidas por usinas hidrelétricas.

Por outro lado, também é verdade que a expansão do fornecimento de energia limpa (sobretudo de origem solar e eólica) tem criado oportunidades para empreendimentos de menor escala, que poderiam ser organizados a partir de diversas estruturas de propriedade pública, privada ou cooperativa, ou seja, uma variedade de estruturas de propriedade capitalistas, não capitalistas e híbridas. No geral, o desempenho desses empreendimentos sem ligação com as grandes corporações tem se saído muito bem se comparado às corporativas tradicionais. Um exemplo claro disso são as fazendas eólicas comunitárias da Europa ocidental, sobretudo na Alemanha, Dinamarca, Suécia e no Reino Unido. Variações desse modelo também têm surgido no cinturão de fazendas do meio-oeste estadunidense. Fazendas privadas de grande e pequeno porte vêm instalando turbinas eólicas em suas terras, utilizadas sobretudo para o cultivo e a pecuária extensiva. Esse uso secundário das terras serve como fonte de renda adicional e, não raro, expressiva para os fazendeiros.

Em resumo, o capitalismo global de fato surgiu, como Malm descreve em detalhes, amparado por uma matriz energética voltada para os combustíveis fósseis. Também é possível que a transição necessária para as energias limpas sirva de pedra angular para sociedades mais democráticas e igualitárias. Mas devemos deixar cem por cento claro que não há garantias disso. Nenhuma tecnologia, seja ela a energia limpa ou o que for, é capaz de provocar por si transformações sociais significativas. Transformações sociais que promovem a igualdade só ocorrem quando as pessoas batalham pela construção de movimentos políticos. Quando movimentos assim vêm à tona, não há dúvida de que tecnologias como as energias limpas podem desempenhar um papel auxiliar de extrema importância.

O capitalismo é totalmente guiado pelo lucro, e os combustíveis fósseis constituem a fonte energética que alimenta a fera. Se houver esforços de migração para outras fontes de energia que não os combustíveis fósseis, os lucros dos capitalistas não serão ameaçados?

RP: Não há dúvida de que os lucros dos *capitalistas do setor privado de combustíveis fósseis* serão ameaçados.

Na realidade, as empresas de combustíveis fósseis precisarão encerrar de vez suas atividades ou ao menos reduzi-las nos próximos trinta anos de forma drástica. De acordo com as melhores estimativas disponíveis hoje, as reservas de petróleo, carvão e gás natural "inqueimáveis" sob o solo e pertencentes a essas empresas privadas equivalem a um total de cerca de 3 trilhões de dólares. Essas reservas jamais poderão ser queimadas e, portanto, convertidas em lucros capitalistas, se quisermos ter uma chance decente de estabilizar o clima do planeta.

Claro, as empresas de combustíveis fósseis lutarão de todas as maneiras possíveis por seu direito de lucrar desenfreadamente com a venda dessas reservas de petróleo, carvão e gás natural que ainda se encontram no solo. Mas também é importante compreender que, mesmo que as companhias de combustíveis fósseis sejam impedidas de vender esses 3 trilhões de dólares em ativos, isso não representará um grande problema para o resto da economia global. Permita-me ilustrar o argumento com um simples exemplo numérico. Sim, 3 trilhões de dólares é uma quantia imensa de dinheiro, sem sombra de dúvida. Porém, em 2019, isso equivaleria a menos de um por cento dos 317 trilhões que constituem o total da reserva mundial de ativos financeiros privados — o valor total de todos os títulos de dívida e participação vigentes.[28] Além disso, a queda prevista de 3 trilhões em ativos de combustíveis fósseis não ocorrerá de uma tacada só, mas de forma gradativa ao longo de um período de trinta anos. Na média, isso corresponde a perdas da ordem de 100 bilhões de dólares ao ano em ativos, ou 0,03 por cento do valor atual do mercado financeiro global. Comparando, em decorrência da bolha imobiliária e do subsequente colapso financeiro entre 2007 e 2009, as pessoas com casa própria nos Estados Unidos perderam 16 trilhões de dólares em bens apenas em 2008 — cerca de 160 vezes as perdas anuais que as produtoras de combustíveis fósseis enfrentariam.

O fato de que a perda de valor dos ativos em combustíveis fósseis ocorrerá gradualmente ao longo de duas ou três décadas também implica que os acionistas das empresas de combustível fóssil teriam amplas oportunidades para se desfazer das ações e aplicar seu dinheiro em outros lugares. Um exemplo importante é o de Warren Buffett, o mais conhecido de todos os investidores e a terceira pessoa mais rica do mundo: em 2014, ele anunciou que sua *holding*, chamada Berkshire Hathaway, dobraria sua participação em empresas de energia solar e eólica, chegando a um montante de 15 bilhões de dólares, em paralelo à sua grande participação em empresas convencionais de geração de energia.[29]

As produtoras de combustíveis fósseis poderiam seguir o exemplo de Buffett e diversificar as suas atividades de modo a incluir energias limpas. Na verdade, elas já estão fazendo isso, ao menos de acordo com as suas campanhas publicitárias. Mas a realidade é que as incursões pelo mundo das energias limpas ainda constituem apenas uma minúscula fração de suas operações. Por décadas, essas empresas desenvolveram a capacidade de obter lucros estratosféricos a partir da produção e venda de energia proveniente de combustíveis fósseis. Não é muito provável que elas alcancem níveis comparáveis de lucratividade com energias limpas, porque as tecnologias solares e eólicas geram energia em escala muito menor do que a tecnologia dos combustíveis fósseis permite. Sabemos, por exemplo, que seria possível para os residentes da maior parte do mundo suprir hoje a totalidade de sua demanda energética e ainda economizar dinheiro, por meio da instalação de painéis solares em seus telhados. Com o tempo, as empresas de combustíveis fósseis não terão como competir com essa realidade.

Isso traz à tona uma questão de ordem mais geral. Os lucros das empresas de combustíveis fósseis muito provavelmente serão comprometidos pela adaptação a energias limpas, bem como o de seus setores subsidiários, como a perfuração de petróleo e a construção de oleodutos, as companhias ferroviárias que transportam carvão e todas as concessionárias que hoje geram eletricidade a partir da queima de combustíveis fósseis. Mas não há motivos para esperar que outros empreendimentos capitalistas tenham seus lucros ameaçados ao adotarem fontes eólicas ou solares para o seu fornecimento de energia em detrimento de petróleo, carvão e gás natural. A eletricidade gerada pelo vento em terra firme ou por painéis solares fotovoltaicos já se aproxima da paridade de custos em relação à energia gerada a partir de carvão e gás natural. Os custos da energia limpa também devem continuar caindo conforme o uso dessas tecnologias se difundir. Especialmente após os quarenta anos de extremo crescimento de desigualdade sob o neoliberalismo, não faltam justificativas para puxarmos para baixo os lucros dos capitalistas. Mas a transição para as energias limpas não levará a isso por si só.

Embora não haja motivo para pensarmos que o capitalismo não é capaz de migrar para a geração de energia a partir de fontes renováveis, o fato é que as ações da maioria dos investidores da era neoliberal são guiadas por uma visão de curto prazo. Dessa forma, não é um pouco ingênuo esperar que os próprios capitalistas nos salvarão da crise climática?

RP: Para sermos honestos, ninguém acredita mesmo que os capitalistas nos salvarão da crise climática por conta própria. Mesmo a longa lista, que mencionei anteriormente, de economistas ortodoxos proeminentes que assinaram em janeiro de 2019 uma declaração de apoio à taxação de carbono sabe que a intervenção dos governos é necessária para forçar os capitalistas a incluírem os custos da destruição ecológica em seus cálculos. É precisamente essa a ideia por trás de seu apoio à taxação de carbono.

A verdadeira questão, portanto, é: *até que ponto* o Estado precisa intervir nas operações normais dos mercados capitalistas para viabilizar um projeto de estabilização do clima? A meu ver, como comentei antes, isso exigirá intervenções governamentais muito mais enérgicas que a taxação de carbono, levando em conta que a taxação de carbono é proposta como política única. Na realidade, também precisamos de investimentos públicos nos setores fundamentais da economia, subsídios públicos a investimentos verdes privados e fortes regulações. Esse conjunto de políticas poderá nos distanciar dos combustíveis fósseis muito mais depressa do que provavelmente ocorreria se nos amparássemos apenas em uma política segundo os moldes da taxação de carbono. Se olharmos em retrospecto para o projeto de mobilização em torno da Segunda Guerra Mundial, veremos que o governo federal não interveio apenas por meio de ajustes no sistema tributário. As circunstâncias exigiam medidas mais fortes, como é o caso agora. Por isso, como Josh Mason e Andrew Bossie demonstram em um artigo recente, durante a Segunda Guerra o governo Roosevelt assumiu um papel central nos investimentos públicos e na propriedade dos setores de maior importância. Isso incluía 97 por cento da indústria de borracha sintética, 89 por cento da indústria de aviação, 87 por cento da construção de navios e catorze por cento até mesmo de um setor tão consolidado quanto o de ferro e aço.[30] O governo Roosevelt assumiu o comando desses setores porque estava claro que, por conta própria, os capitalistas privados não estavam propensos a assumir os riscos da elevação dos níveis de produção na velocidade e na escala necessárias em razão da crise.

Hoje nos encontramos em uma situação comparável àquela. É por isso que, como mencionei antes, estou convencido de que um Green New Deal viável para nossas necessidades deve incluir níveis substanciais de investimento público, posse estatal e regulações gerais. Para citar um exemplo, se algumas concessionárias elétricas pretendem continuar sob posse privada, deverão reduzir seus níveis de emissão de CO_2 todos os anos conforme parâmetros estabelecidos para garantir o cumprimento da meta de emissão zero até 2050. Se descumprirem essas exigências, os CEOs dessas empresas deverão ser presos. Explorarei melhor essas ideias no terceiro capítulo deste livro, quando tratar do Green New Deal.

Noam, o que você pensa a respeito disso? Seria realista esperar que o atual sistema econômico, que tem no lucro sua força motriz, resgate a humanidade e todo o planeta dos efeitos possivelmente catastróficos que nos esperam se fracassarmos em conter a ameaça do aquecimento global?

NC: Se a busca pelo lucro continuar sendo a força motriz, estaremos condenados. Seria um absoluto acidente, uma hipótese remota demais para sequer ser cogitada, que a sede de lucro acabe levando ao mágico encerramento de uma atividade tão lucrativa quanto a produção de combustíveis fósseis, ou mesmo de formas bem mais brandas de destruição. Uma análise de perto costuma demonstrar que os sinais de mercado são das duas, uma: ou completamente inadequados, ou voltados para uma direção totalmente equivocada. Para nos atermos a um único caso atual, o desenvolvimento de tecnologias para remover carbono da atmosfera é de primordial importância, mas, para os investidores de risco do Vale do Silício, colocar dinheiro em projetos de longo prazo sem grandes promessas de lucro é muito menos atraente do que a inclusão de novos toques e sinais sonoros nos iPhones.

A esta altura, a veneração dos mercados já faz parte do senso comum hegemônico gramsciano inculcado por meio da propaganda de massa, sobretudo durante os anos neoliberais. A "religião", tomando emprestado o termo de Stiglitz, baseia-se em uma visão da natureza humana singular e nada atraente, para sermos ponderados. Acreditamos mesmo que os seres humanos prefeririam viver em estado vegetativo caso o lucro não incitasse suas ações? Ou, quem sabe, como comprovado por nossa longa tradição e revelado pela vasta experiência, o trabalho criativo e significativo feito por motivação própria é um dos prazeres da vida?

Na verdade, é enganoso dizer que a busca pelo lucro foi a principal força motivadora de nosso passado, mesmo no âmbito da produção industrial. Pensemos outra vez no que estamos usando agora, computadores e a Internet, cujo desenvolvimento inicial se deu por décadas no contexto de um sistema estatal e universitário, antes que os resultados de todo esse trabalho criativo fossem entregues a empreendimentos privados para serem convertidos em vendas e lucro. Na maioria dos casos, a motivação central das pessoas que desempenharam esse trabalho essencial não era o lucro, mas a curiosidade e a empolgação de solucionar problemas difíceis, importantes e desafiadores. Isso também vale para outras pesquisas e investigações que serviram de base para a saúde de nossa cultura e sociedade. Na verdade, os produtos dessa criação foram integrados a um sistema econômico movido pelo lucro, mas não se trata de uma lei da natureza. A sociedade poderia se constituir de outras maneiras. Podemos esperar que empreendimentos pertencentes e geridos por trabalhadores, por exemplo, tivessem outras prioridades além de gerar lucros para banqueiros em Nova York, tais como condições dignas de trabalho e uma boa margem para a iniciativa e o lazer individuais. E se esses empreendimentos estiverem interligados, entre si e com comunidades verdadeiramente democráticas, algo bem diferente poderia vir à tona: talvez valores comuns, como a ajuda mútua e a preocupação com uma vida plena de significado e realizações, em lugar da acumulação de recursos em benefício próprio e o enriquecimento de quem tiver capital para investir.

Seria realista esperarmos isso? Ainda não sabemos. O que será "realista" depende em parte de como escolhemos agir.

Já nos debruçamos sobre a interconexão de capitalismo e crise climática. Tampouco podemos esquecer que há muitos casos de empreendimentos estatais no ramo dos combustíveis fósseis, o que nos leva a pensar o papel das instituições públicas sob o capitalismo. Bob, o que podemos pensar a respeito das instituições públicas e de sua contribuição para a crise climática?

RP: De fato, no mundo todo, o setor energético opera há muito tempo sob uma variedade de estruturas de propriedade, incluindo posses públicas/municipais e diversas formas de posse privada cooperativa, além das corporações privadas. Só nos ramos do petróleo e do gás natural, as estatais controladas por governos nacionais detêm aproximadamente noventa por cento das reservas internacionais e respondem por cerca de 75 por cento da produção. Essas empresas também controlam boa parte dos sistemas de infraestrutura de gás e petróleo. Essas empresas federais incluem a saudita Saudi Aramco, a russa Gazprom, a Corporação Nacional de Petróleo da China, a Companhia Petrolífera Nacional Iraniana, a Petróleos de Venezuela, a brasileira Petrobras e a Petronas, na Malásia. Nenhuma dessas empresas públicas opera sob os mesmos imperativos que as grandes companhias energéticas privadas, como ExxonMobil, British Petroleum e Royal Dutch Shell, mas isso não significa que elas estejam preparadas para se comprometer com o combate ao aquecimento global apenas por estarmos diante de uma emergência ambiental global. Como ocorre com as empresas privadas, a produção e venda da energia proveniente de combustíveis fósseis propicia um imenso fluxo de renda. Projetos de desenvolvimento nacional, carreiras lucrativas e poder político dependem todos da continuidade desse fluxo dos grandes lucros provenientes dos combustíveis fósseis. Não devemos, portanto, esperar que o mero fato de essas empresas serem estatais ofereça um ambiente mais favorável para o avanço de políticas industriais eficazes de energia limpa.

3.
Um Green New Deal global

Ambientalistas e economistas progressistas têm proposto, ao longo dos anos, a adoção de fontes de energia com emissão zero como forma de frear os efeitos das mudanças climáticas. A adoção de fontes limpas e renováveis de energia costuma ser um eixo central daquilo que é chamado pelos próprios defensores de Green New Deal, e que poderia ser classificado como uma visão arrojada da economia ambientalista inspirada pelo New Deal do ex-presidente estadunidense Frank Roosevelt e orientada em grande parte pela lógica econômica de Keynes com relação ao crescimento. Existem, no entanto, diferentes versões de Green New Deal, propostas por diferentes agentes. Por isso, a questão fundamental é saber no que consiste um projeto realista e sustentável para obtermos uma matriz energética de emissão zero até 2050, e que seja capaz de superar as atuais resistências políticas, econômicas e até culturais a uma "economia verde". Bob, ao longo da última década você trabalhou muito em prol de um Green New Deal. A seu ver, qual seria um projeto politicamente realista e economicamente viável de Green New Deal? Como ele funcionaria e no que consistiria?

RP: O IPCC estima que, para atingirmos a meta de um aumento máximo de 1,5°C na média das temperaturas globais até 2100, o volume líquido de emissões de CO_2 no mundo precisa cair cerca de 45 por cento até 2030 e chegar a zero até 2050. Dessa forma, e a meu ver, a essência de um Green New Deal é implementar um projeto global capaz de atingir essas metas do IPCC e, ao mesmo tempo, ampliar a oferta de oportunidades de trabalho dignas, elevando o padrão de vida da massa de pobres e trabalhadores do mundo todo. Simples assim.

Na verdade, apenas enquanto proposta analítica e desafio político, independentemente da miríade de forças políticas e econômicas agrupadas em torno desses assuntos, das quais trataremos mais adiante, é bastante realista cogitar que as emissões globais líquidas de CO_2 possam ser zeradas até 2050. De acordo com minha estimativa mais exagerada, isso exigirá um investimento médio de 2,5 por cento do PIB global ao ano, concentrado em duas áreas: (1) melhoria drástica dos padrões de eficiência energética em edifícios, automóveis e sistemas de transporte público existentes, bem como nos processos de produção industrial; e (2) expansão igualmente drástica da oferta de fontes renováveis de energia limpa (sobretudo solar e eólica) para todos os setores da economia e em todas as regiões do globo, com preços competitivos para enfrentar os combustíveis fósseis e a energia nuclear. Os investimentos também precisarão ser complementados em outras áreas prioritárias, sendo a mais importante delas, como já mencionei, o combate ao desmatamento e o estímulo ao reflorestamento.

No que diz respeito à migração para energias limpas, o nível de investimentos necessários representaria cerca de 2,6 trilhões de dólares no primeiro ano do programa. Para sermos realistas, presumo que o projeto só começará, na melhor das hipóteses, em 2024. Nesse cenário, os gastos seriam de mais ou menos 4,5 trilhões ao ano entre 2024 e 2050. O custo total dos investimentos em energia limpa durante todo o ciclo de 27 anos de duração atingiria um valor próximo de 120 trilhões de dólares.

Essas cifras representam os gastos totais com investimento, incluindo os setores público e privado. Determinar o equilíbrio adequado entre investimentos públicos e privados será um fator central na elaboração de políticas financeiras e industriais. Como discutimos antes, decerto não é realista esperar que tudo isso seja feito por meio de investimentos do capital privado. Tampouco é realista esperar que os empreendimentos públicos sozinhos possam dar conta de um projeto dessa magnitude e com a velocidade necessária. Ainda assim, a implementação do Green New Deal servirá de força motriz para transformar o capitalismo, afastando-o de seu atual interregno entre o neoliberalismo e o neofascismo. Como expus antes, o Green New Deal criará grandes e novas oportunidades para formas alternativas de propriedade, incluindo diversas combinações de propriedade pública, privada e cooperativa em menor escala. Uma das razões por que esses empreendimentos foram bem-sucedidos na Europa ocidental está no fato de operarem com exigências menores de lucro se comparados às grandes corporações privadas. Uma vez concretizado tudo isso, ainda precisaremos incluir as grandes companhias de capital privado nesta equação, embora sejam necessárias regulações rigorosas.

Quanto aos detalhes do programa, parece-me razoável presumir que os investimentos globais em energias limpas devam ser divididos de maneira mais ou menos igualitária, isto é, cinquenta por cento de investimentos públicos e cinquenta por cento de investimentos privados, de modo universal. Se 2024 for o primeiro ano com o total necessário de investimentos, o modelo implicaria 1,3 trilhão de dólares em investimentos públicos e privados. Grande parte do desafio político consiste em encontrar o jeito mais eficaz de alavancar o investimento público e criar incentivos consistentes para os investidores privados, grandes ou pequenos, e ao mesmo tempo manter uma regulamentação estrita de suas atividades.

É importante enfatizar que esse projeto de investimento em energia limpa, a peça central do Green New Deal, acabará se pagando por completo ao longo do tempo. Para sermos mais específicos, o acordo propiciará energia a custos mais baixos para os consumidores em todas as partes do mundo. Isso virá como resultado de novos padrões de eficiência energética, capazes de garantir que os consumidores gastem menos com determinadas atividades que requerem muita energia. Façamos uma analogia com uma viagem de carro: 42 quilômetros por litro de gasolina em um veículo elétrico híbrido recarregável comparados aos 10,5 quilômetros por litro, a média dos carros estadunidenses.[1] No mais, os atuais custos de fornecimento de energia a partir de fontes solares e eólicas, bem como hídricas e geotermais, são mais ou menos iguais — ou até inferiores — ao dos combustíveis fósseis e da energia nuclear. Sendo assim, os dispêndios do investimento inicial podem ser resgatados ao longo do tempo com a vindoura redução dos custos.

Em 2018, o nível de investimento global em energias limpas (incluindo tanto o aumento de eficiência energética como o investimento em fontes renováveis) foi de cerca de 570 bilhões de dólares, correspondentes a cerca de 0,7 por cento do PIB global, estimado em 86 trilhões. Assim, para atingirmos a meta do IPCC, o aumento de investimentos em energia limpa deve ser da ordem de 1,8 por cento do PIB global — ou seja, cerca de 1,5 trilhão, dado o PIB atual, crescendo a partir de então no mesmo ritmo do PIB global até 2050.

O consumo de petróleo, carvão e gás natural também precisará ser reduzido a zero durante o mesmo período de trinta anos. O ritmo de declínio pode começar em modestos 3,5 por cento anuais no primeiro momento do programa de transição, mas depois precisaremos aumentar essa porcentagem a cada ano para que o nível básico de fornecimento de combustíveis fósseis seja zerado até 2050. Noam e eu já entramos nessa questão, mas vale a pena repetir: é claro que tanto as empresas privadas de combustíveis fósseis, tais quais ExxonMobil e Chevron, como as estatais (Saudi Aramco e Gazprom, por exemplo) têm imensos interesses em jogo que as levarão a lutar contra qualquer redução no consumo de combustíveis fósseis, sem falar em seu imenso poder político. Não há como contornar o fato de que precisaremos derrotar esses interesses tão arraigados. Claro que o maior desafio aqui é descobrir como exatamente faremos isso. Mas a tarefa precisa ser feita. Retornaremos a essa questão crucial mais adiante.

Também existem desafios técnicos consideráveis a serem superados para alcançarmos uma economia global com emissão zero até 2050. Isso envolve questões como a extensão de terra necessária para a infraestrutura de painéis solares e turbinas eólicas a fim de satisfazer a demanda energética e outros problemas correlatos, como a intermitência, transmissão e armazenamento dessa energia. A "intermitência" se refere ao fato de que o sol não brilha e o vento não sopra 24 horas por dia. Além disso, a média de incidência de sol e vento varia bastante de uma região para outra. Por esse motivo, a energia solar e eólica gerada em zonas mais ventosas e ensolaradas do globo precisará ser armazenada e transmitida com custo razoável até os locais com menor incidência de vento e sol.

Os problemas referentes à transmissão e ao armazenamento de energia eólica e solar só precisarão ser enfrentados vários anos após o início da transição para a energia limpa, ou seja, provavelmente não na próxima década. Isso porque os combustíveis fósseis e a energia nuclear continuarão servindo como base de fornecimento energético não intermitente mesmo durante a redução das atividades de seus próprios setores e a rápida expansão das energias limpas. Afinal de contas, os combustíveis fósseis e a energia nuclear respondem hoje por cerca de 85 por cento de todo o fornecimento global de energia. Esse fornecimento não será eliminado da noite para o dia. Acredito que, nesse meio-tempo, soluções totalmente viáveis para os desafios técnicos relacionados à transmissão e ao armazenamento de energia solar e eólica, inclusive no que diz respeito a custos viáveis, não devem tardar mais do que uma década, sobretudo se o mercado de energia limpa crescer depressa, no ritmo necessário.[2]

Outro problema correlacionado é garantir fornecimento suficiente de todas as matérias-primas necessárias para a expansão do setor de energia renovável. A princípio isso é viável. Alguns gargalos de curto prazo virão à tona para alguns materiais específicos, em especial o telúrio, utilizado na fabricação de células fotovoltaicas. Mas nenhuma escassez de suprimentos, nem mesmo do telúrio, deve ser intransponível. Uma solução seria expandir de forma radical a reciclagem dos metais e minerais necessários. No momento, o índice médio de reciclagem desses recursos é inferior a um por cento do suprimento total. Elevar esse índice para míseros cinco por cento já bastaria para solucionar a escassez de materiais.[3]

Além da reciclagem, oportunidades para economizar os minerais e metais necessários para a produção de painéis solares, turbinas eólicas e baterias também surgirão conforme as tecnologias de produção desses materiais forem melhorando em decorrência do crescimento acelerado do setor. Se a escassez persistir, também será possível desenvolver materiais substitutos. O exemplo do que aconteceu em anos recentes com o neodímio, metal utilizado na produção de turbinas eólicas e veículos elétricos, é relevante para o caso em discussão. Quando o preço internacional do neodímio atingiu seu ápice em 2010, os produtores encontraram formas de economizar ou de eliminar sua necessidade em definitivo. A demanda por neodímio despencou rapidamente entre vinte e cinquenta por cento com a descoberta de outros materiais que serviam como substitutos adequados.[4]

O desafio da quantidade de terras necessárias é citado com frequência para embasar o argumento de que uma economia global com cem por cento de energia renovável seria irreal e absurda. David MacKay, antigo engenheiro da Universidade de Cambridge, foi responsável pela argumentação mais detalhada acerca das imensas porções de terras necessárias para a geração de energia renovável em seu livro *Sustainable Energy without the Hot Air*, de 2009. Os argumentos de MacKay têm sido repetidos com frequência desde então. Por isso, em um artigo escrito em 2018 para a *New Left Review*, Troy Vettese escreveu:

> É provável que um sistema totalmente renovável ocupasse cem vezes mais terra do que um sistema à base de combustível fóssil. No caso dos Estados Unidos, entre 25 e cinquenta por cento do território, e em países de tempo nublado e população densa, como Alemanha e Grã-Bretanha, talvez fosse necessário cobrir todo o território com turbinas eólicas, painéis solares e matéria-base de

biocombustíveis para mantermos os níveis atuais de produção energética.[5]

Vettese não oferece quase nenhuma evidência para validar suas afirmações, que, na realidade, não podem ser validadas. Isso fica bem claro ao estudarmos o trabalho da física Mara Prentiss, da Universidade Harvard. Seu livro *Energy Revolution: The Physics and the Promise of Efficient Technology*, de 2015, bem como seus desdobramentos em discussões recentes, demonstra que a economia dos Estados Unidos poderia ser totalmente alimentada por fontes limpas e renováveis de energia em 2050, ou mesmo antes disso. Seus argumentos podem ser facilmente adaptados para a economia global como um todo.

Prentiss mostra que precisaríamos de muito menos que um por cento da área total estadunidense para atender a cem por cento da demanda do país com energia solar e eólica. É possível resolver boa parte do problema com a instalação, por exemplo, de painéis solares em telhados e estacionamentos, além da implementação de turbinas eólicas em cerca de sete por cento das terras hoje utilizadas para agricultura. Ademais, as turbinas eólicas podem ser instaladas em fazendas já existentes e operantes, acarretando perdas mínimas de produtividade agrícola. Os fazendeiros já se demonstraram muito simpáticos a esse uso dual de suas terras, pois ele fornece uma fonte adicional de renda. Atualmente, os estados de Iowa, Kansas, Oklahoma e Dakota do Sul geram mais de trinta por cento de sua energia elétrica por meio de turbinas eólicas. As demais necessidades energéticas poderiam ser sanadas com hidrelétricas, fontes geotérmicas e bioenergia de baixa emissão. Esse cenário não leva em conta contribuições adicionais de fazendas solares em regiões desérticas, painéis solares instalados em estradas ou projetos de geração eólica no mar, dentre outras fontes suplementares de energia renovável, embora todas essas opções sejam viáveis, contanto que exploradas com responsabilidade.

É verdade que nos Estados Unidos as condições são muito mais favoráveis do que em alguns outros países. Alemanha e Reino Unido, por exemplo, têm densidade populacional de sete a oito vezes maior que a estadunidense, e têm menor incidência solar. Por isso, mesmo operando em níveis de alta eficiência, esses países precisariam destinar cerca de três por cento de sua área total para obter cem por cento de sua energia a partir de fontes internas. No entanto, com um sistema de armazenamento e tecnologias de transmissão com bom custo-benefício, Alemanha e Reino Unido também poderiam importar energia gerada por fontes solares e eólicas de outros países, da mesma forma como nos Estados Unidos a energia eólica gerada em Iowa poderia ser transmitida até a cidade de Nova York. É provável que a necessidade de importar energia não seja tão alta. De qualquer maneira, tanto Alemanha como Reino Unido já importam energia na atualidade.

Se aplicarmos os cálculos que Prentiss fez para os Estados Unidos à economia global, o fato crucial é que, no tocante à densidade populacional e à disponibilidade de luz solar e vento, as condições médias globais estão muito mais próximas à condição dos Estados Unidos do que à de Alemanha e Reino Unido. Em um artigo de 2019, Prentiss também explica como, por meio de um conjunto de ações que inclui armazenamento em baterias e melhorias diretas nos sistemas de transmissão, "a ciência e tecnologia de hoje já nos permite a construção de uma economia com matriz energética cem por cento renovável nos Estados Unidos".[6]

Noam, você também é um ávido apoiador da ideia de um Green New Deal. Trata-se de um projeto para salvar o planeta ou para salvar o capitalismo, como poderiam argumentar alguns críticos na esquerda do espectro político?

NC: Depende de como ele for executado. E perceba que não existem alternativas. Algum formato de Green New Deal é necessário se quisermos "salvar o planeta". Qual formato? A melhor resposta que tenho a oferecer é a que Bob elaborou em detalhes e delineou de forma breve anteriormente. Se bem-sucedido, um Green New Deal poderia também "salvar o capitalismo", no sentido de que abortaria as tendências suicidas do "capitalismo existente" e levaria a alguma forma viável de organização social que poderia ser enquadrada dentro do maleável espectro do que pode ser chamado de "capitalismo". Pessoalmente, espero que o plano vá muito além disso, e não acho que este anseio seja pouco realista. Mas isso já é outro assunto.

Um dos aspectos das mudanças climáticas que tem sido discutido de forma cada vez mais ampla diz respeito ao possível papel que novas tecnologias revolucionárias poderiam desempenhar nesse processo, limpando o dióxido de carbono acumulado no ar. Isso inclui soluções tecnológicas radicais, como a geoengenharia. Qual é sua opinião sobre essas tecnologias de carbono-negativo?

RP: Tecnologias de emissão negativa incluem uma ampla categoria de medidas cujo propósito é extrair o CO_2 presente na atmosfera ou injetar fatores de resfriamento na atmosfera para contrabalançar os efeitos de aquecimento do CO_2 e de outros gases de efeito estufa. Uma grande categoria dessas tecnologias de resfriamento é composta pelas injeções estratosféricas de aerossol.

As tecnologias de captura de carbono têm por objetivo remover o carbono preso na atmosfera e transportá-lo, geralmente através de redes de tubos, até formações geológicas abaixo da superfície, onde seriam armazenados em caráter permanente. Uma variante direta e natural da tecnologia de captura de carbono é o reflorestamento. Além do reflorestamento, aumento da cobertura de florestas ou da densidade vegetal em áreas desmatadas, existe também o plantio em áreas até então desprovidas de cobertura silvícola, prática conhecida como "florestamento".

As tecnologias de captura de carbono em geral nunca foram testadas em escala comercial, apesar das décadas de tentativas. Um dos grandes empecilhos para a maioria dessas tecnologias é o prospecto de vazamentos de carbono em casos de redes defeituosas de transporte e armazenamento. À medida que a captura de carbono se tornar uma atividade comercial e passar a operar dentro de uma estrutura de incentivos, em que o cumprimento dos padrões de segurança acarretará uma redução de lucros, os riscos só tendem a se agravar.

De forma oposta, as práticas de florestamento e reflorestamento podem ser uma contribuição valiosa no contexto de um conjunto mais amplo de medidas de redução das emissões, pois as áreas com cobertura florestal absorvem naturalmente quantidades significativas de CO_2. No entanto, de um ponto de vista realista, a grande questão aqui diz respeito ao impacto dessas medidas em termos de absorção do CO_2 já acumulado na atmosfera ou da compensação de novas emissões produzidas pela continuidade do consumo de combustíveis fósseis. Em cuidadosa análise recentemente feita por Mark Lawrence e seus colegas no Instituto de Estudos Avançados em Sustentabilidade de Potsdam, na Alemanha, os autores concluíram que o florestamento, em estimativa realista, poderia reduzir os níveis de CO_2 entre 0,5 e 3,5 bilhões de toneladas ao ano até 2050.[7] Como vimos anteriormente, as atuais emissões globais de CO_2 são da ordem de 33 bilhões de toneladas. Se a estimativa de Lawrence e seus coautores estiver próxima do correto, podemos deduzir que o florestamento seria, sem dúvida, uma intervenção complementar dentro de um programa mais amplo de transição para energias limpas, mas não o principal responsável pela meta de emissão zero até 2050.

A ideia de injeções estratosféricas de aerossol surgiu a partir dos resultados subsequentes à erupção vulcânica do Monte Pinatubo, ocorrida em 1991, nas Filipinas.

A erupção causou uma liberação massiva de gases e cinzas, que produziram partículas de sulfato (ou aerossóis) que subiram para a estratosfera. O impacto foi um resfriamento da temperatura média da Terra em cerca de 0,6°C por quinze meses.[8] As tecnologias pesquisadas hoje têm por objetivo replicar o impacto da erupção do Monte Pinatubo de maneira artificial por meio de injeções propositais de partículas de sulfato na estratosfera. Alguns pesquisadores afirmam que o método teria um bom custo-benefício para o combate do aquecimento causado pelos gases de efeito estufa.

O estudo de Lawrence e de seus coautores aborda todas as principais tecnologias de emissões negativas: captura de carbono, injeções de aerossol e florestamento. Sua conclusão é a de que nenhuma delas se encontra atualmente no devido estágio de desenvolvimento para que tenham um impacto relevante na reversão do aquecimento global. Conforme escreveram:

> Não podemos confiar que as técnicas de geoengenharia climática propostas sejam capazes de uma contribuição significativa [...]. Mesmo que desenvolvêssemos as técnicas de geoengenharia climática de maneira ativa e, no fim das contas, elas de fato funcionassem da maneira como foram concebidas em escala global, é muito improvável que pudéssemos implementá-las antes da segunda metade do século [...]. É bem provável que já seja tarde demais para contermos suficientemente o aquecimento causado pelos níveis crescentes de CO_2 e outros induzidores climáticos para alcançarmos um equilíbrio no limite

de 1,5°C, ou mesmo de 2°C, sobretudo se os esforços de mitigação a partir de 2030 não forem substancialmente superiores aos planejados para a próxima década.[9]

A conclusão encontrada por Lawrence e seus coautores está em perfeita conformidade com a de Raymond Pierrehumbert, citado antes por Noam. Como vimos, Pierrehumbert, um dos principais autores do terceiro Relatório de Avaliação do IPCC, é enfático ao afirmar em 2019, em seu artigo intitulado "There Is no Plan B for Dealing with the Climate Crisis", que a geoengenharia não oferece uma solução viável para a crise climática.

Noam, qual é a sua visão a respeito do tema? Deveríamos explorar também a possibilidade de adotar soluções tecnológicas no combate à crise climática que o planeta enfrenta?

NC: Não possuo a competência técnica necessária para emitir uma opinião devidamente embasada, mas mesmo assim acho que há bons motivos para encararmos as formas radicais de geoengenharia como uma última cartada, algo a que podemos recorrer se os humanos continuarem negando aquilo que está bem diante de seus olhos. O artigo de Pierrehumbert que mencionei anteriormente oferece uma análise cuidadosa e escrupulosa das opções técnicas e de suas severas limitações. Ele também deixa claro que não nos faltam motivos para apostar em soluções tecnológicas, contanto que sejam viáveis, potencialmente eficazes e que tenhamos confiança de que não causarão danos. Isso está longe de ser uma questão trivial, pois, além de aceitarmos as inevitáveis incertezas à nossa frente, também precisamos saber avaliar o tempo todo os males e benefícios de cada ação. É por isso que existe um quase consenso em torno da necessidade de abdicarmos dos combustíveis fósseis, processo que exigirá muito cobre — um recurso bastante desperdiçado, e cujas atuais tecnologias de extração são muito prejudiciais ao meio ambiente. É muito difícil escapar desses dilemas, mas nem por isso devemos deixar de explorar a fundo as tecnologias que pareçam promissoras em nossa jornada rumo a ecossistemas saudáveis e sustentáveis. Na verdade, a geoengenharia abrange um amplo leque de escolhas. Em seu sentido mais básico, ela designa práticas que os humanos já adotam há muito tempo, como a fixação artificial de nitrogênio para uso em fertilizantes. Dada a exigência cada vez maior de produtividade agrícola, consequência do crescimento populacional e da maior ocupação de terras pelo processo de urbanização, ela se tornou uma prática difícil de evitar. Não obstante, como Bob apontou, sabemos que ela traz efeitos negativos que podem ser inaceitáveis caso não haja uma integração cuidadosa de seu uso com formas progressivas de manejo da terra. Esse manejo pode ser incrementado por tecnologias de remoção de carbono da atmosfera — outra forma de geoengenharia.

    Há muito mais a ser feito. A produção industrial de carne, mesmo deixadas de lado as considerações éticas, não deveria ser tolerada, dada a sua contribuição substancial para o aquecimento global. Precisamos encontrar maneiras de migrar para dietas com base em vegetais, provenientes de práticas agrícolas sustentáveis. Não é tarefa simples.

De modo mais geral, todo o sistema socioeconômico baseado na produção com a finalidade de lucro (e sua inerente necessidade de crescimento a qualquer custo) é insustentável. E existem questões fundamentais de grande relevância que não podemos ignorar. O que é uma vida decente? As relações servis devem ser toleradas? Nosso objetivo deve mesmo ser a maximização de recursos, esse imperativo incrustado em nossa consciência por uma imensa indústria dedicada à fabricação de desejos, característica da sociedade moderna explorada muito tempo atrás por Thorstein Veblen? Não tenho dúvidas de que existem aspirações mais elevadas e que nos trarão maior realização.

Existe espaço para a energia nuclear em uma futura economia de emissão zero?

RP: Em 2018, as usinas nucleares eram responsáveis por cinco por cento da geração total de energia no mundo. Cerca de noventa por cento dessa energia é produzida na América do Norte, Europa, China e Índia. Se quisermos zerar as emissões líquidas de CO_2 até 2050, a energia nuclear tem um benefício importante: ela não gera emissões de CO_2, nem nenhum tipo de poluição do ar ao ser gerada.

Por isso, existem defensores ferrenhos de uma expansão generalizada do fornecimento de energia nuclear como estratégia para a construção de uma economia global de emissão zero. Esses defensores incluem James Hansen, da NASA. Há décadas, Hansen é o cientista do clima mais conhecido do mundo na luta em prol da prevenção e reversão das mudanças climáticas. Em 2015, ao lado de proeminentes cientistas do clima como Kerry Emanuel, Ken Caldeira e Tom Wigley, Hansen escreveu:

O sistema climático está preocupado com o volume das emissões de gases do efeito estufa, mas não liga se a energia vem de uma fonte renovável ou de uma abundante estrutura nuclear. Há quem argumente que é factível atender a todas as nossas necessidades energéticas com fontes renováveis. Os cenários que preveem cem por cento de energia renovável subestimam ou ignoram a questão da intermitência, baseando-se em pressupostos técnicos não realistas [...]. Grandes quantias de energia nuclear facilitariam muito a tarefa de suprir o déficit energético das fontes solares e eólicas.[10]

A posição de Hansen contou com amplo apoio na edição de 2019 do *World Energy Outlook*, publicado pela Agência Internacional de Energia, a fonte de maior reconhecimento global quando o assunto é energia. O *Outlook* de 2019 conclui que "em paralelo às fontes de energia renovável e das tecnologias [de captura de carbono], as usinas nucleares serão necessárias na transição para a energia limpa ao redor do mundo".[11]

Não obstante, em sua exaltação à energia nuclear, os partidários subestimam os problemas fundamentais inevitavelmente atrelados à produção disseminada de reatores nucleares. Esses problemas, obviamente, começam com questões referentes ao impacto ambiental e à segurança pública, incluindo os seguintes tópicos:

Resíduos radioativos. Esses resíduos incluem rejeitos de urânio, combustíveis exauridos dos reatores e outros resíduos que, de acordo com a Agência de Informação Energética dos Estados Unidos, "podem permanecer radioativos e perigosos para a saúde humana durante mil anos".[12]

Armazenamento do combustível exaurido do reator e desativação das usinas. Os componentes do combustível exaurido são altamente radioativos e precisam ser armazenados em piscinas ou containers de armazenamento especialmente desenvolvidos para esse fim. Quando uma usina nuclear deixa de operar, o processo de desativação inclui a interrupção segura das atividades e a redução da radioatividade até um nível que permita outros usos da propriedade.

Segurança política. Evidentemente, além da geração de eletricidade, a energia nuclear pode ser usada na produção de armas mortíferas. Assim, a proliferação da capacidade nuclear cria o risco de que essa capacidade acabe nas mãos de organizações, governos ou outros agentes que venham a utilizar essa energia como instrumento de guerra e terror.

Derretimento de reatores nucleares. Uma reação nuclear descontrolada em uma usina nuclear pode resultar na contaminação disseminada do ar e da água com radioatividade em um raio de centenas de quilômetros ao redor de um reator.

Por décadas, prevaleceu no mundo a ideia de que os riscos associados à energia nuclear eram relativamente pequenos e administráveis, se contrapostos aos seus benefícios. No entanto, essa visão caiu por terra após o derretimento nuclear na usina Fukushima Daiichi, no Japão, em março de 2011, resultante do imenso terremoto e do tsunami Tōhoku, de magnitude 9. Embora a dimensão total do acidente de Fukushima ainda seja incerta, a estimativa mais recente dos custos totais da desativação da usina e da compensação das vítimas é de 250 bilhões de dólares.[13]

Não há dúvida de que os procedimentos de segurança em Fukushima fracassaram por completo em seu objetivo. E cabe lembrar que isso ocorreu no Japão, país de alta renda e também o que mais sofreu com os efeitos da energia nuclear no mundo todo. Se as regulações de segurança nuclear do Japão fracassaram, por que deveríamos esperar regulamentos mais rígidos e eficientes em outros lugares caso os reatores nucleares passem a ser construídos no mundo todo? Podemos presumir que essa produção envolveria países com orçamentos públicos de segurança bem mais enxutos que o do Japão.

Isso nos leva à questão geral dos custos. Segundo o Departamento de Energia do próprio governo Trump, a geração de energia a partir de fontes nucleares custa hoje cerca de trinta por cento a mais que a de energia solar ou eólica em terra.[14] Além disso, o custo das energias renováveis, especialmente da solar, tem caído abruptamente na última década, e é provável que haja um barateamento ainda maior. A energia nuclear ainda vem passando por uma "curva negativa de aprendizado", o que significa dizer que seus custos têm subido com o tempo, em grande parte (mas não totalmente) por compreendermos cada vez mais que, para minimizar as chances de novos desastres como o de Fukushima, é necessário dedicar bilhões de dólares a mais à instalação de cada novo reator. É por isso que a imensa empresa multinacional Westinghouse, líder global na construção de novas usinas durante décadas, foi forçada a declarar falência em 2017.

Nem mesmo a Agência Internacional de Energia, ao defender a energia nuclear em seu *World Energy Outlook* de 2019, foi capaz de oferecer argumentos muito sólidos. A agência estima que, se as economias desenvolvidas desejassem abolir por completo a energia nuclear de suas redes de transmissão de energia limpa e, em vez disso, concentrassem-se em fontes renováveis, o resultado seria "um aumento de cinco por cento na conta dos consumidores em países desenvolvidos".[15] Um aumento de cinco por cento nas contas de luz no pior dos cenários é obviamente trivial, se levarmos em conta que isso significa evitar todos os custos e riscos inerentes à geração de energia nuclear.

Conforme a transição para a energia limpa for avançando no mundo todo ao longo dos próximos trinta anos, pode ser que faça sentido defender o prosseguimento das operações de usinas nucleares já existentes e em bom estado de funcionamento até o encerramento de sua vida útil prevista. Mas não devemos confundir a continuidade de operações já existentes por mais uma ou duas décadas com a construção em grande escala de novos reatores, sobretudo quando sabemos que investimentos em eficiência energética e fontes renováveis podem nos levar a uma economia global de zero emissão em no máximo trinta anos.

NC: Eu sinceramente não sei. Os riscos são claros e bem conhecidos. Com a tecnologia atual, a geração de energia nuclear não está muito distante da capacidade de desenvolver armas nucleares, o que é um verdadeiro pesadelo. E existem problemas técnicos jamais solucionados, como o descarte de resíduos nucleares. Espero que possamos encontrar uma saída para nossa crise atual sem recorrermos à energia nuclear, mas não acho que devamos descartar de todo essa opção.

Existe uma literatura cada vez mais ampla associando as mudanças climáticas à desigualdade econômica. Qual exatamente é a ligação entre as mudanças climáticas e a desigualdade, e de que forma um Green New Deal ajudaria a reduzir as desigualdades econômicas em escala global?

RP: Existem muitas formas de interação entre as mudanças climáticas e a desigualdade. Devemos começar pela seguinte questão: quem é responsável por provocar as mudanças climáticas, ou, mais especificamente, quem é responsável por lançar na atmosfera os gases de efeito estufa que estão causando as mudanças climáticas? A resposta curta para essa pergunta, se focarmos nas emissões de CO_2 e recuperarmos a cadeia de queima de combustíveis fósseis durante toda a era industrial (isto é, mais ou menos de 1800 até os dias de hoje), é culpar os Estados Unidos e a Europa ocidental pela quase totalidade das mudanças climáticas. São essas as regiões do mundo que, ao menos até 1980, foram responsáveis por setenta por cento de todas as emissões acumuladas. Se pensarmos nisso em uma base *per capita*, a discrepância dessas contribuições até os anos 1980 é ainda mais extrema. Por exemplo, em 1980, as emissões médias anuais nos Estados Unidos eram de cerca de 21 toneladas *per capita*, catorze vezes mais que o 1,5 *per capita* da China no mesmo ano e 42 vezes maior que o montante da Índia (0,5 tonelada *per capita*).[16]

Mas mesmo essas comparações entre países são insuficientes para nos fornecer um panorama geral da relação entre os níveis de emissão e a desigualdade. Isso ocorre porque, como não poderia deixar de ser, os níveis médios de consumo de energia gerada por combustíveis fósseis e, por conseguinte, os níveis de emissões dentro de um determinado país também são muito desiguais, variando conforme a renda e a capacidade geral de consumo. Se separarmos toda a população mundial conforme o nível de renda, em 2015 os dez por cento mais ricos foram responsáveis por quase metade de todas as emissões ligadas ao consumo pessoal, enquanto os cinquenta por cento mais pobres foram responsáveis por apenas dez por cento das emissões totais ligadas ao consumo.[17]

É verdade que, como a China tem apresentado um ritmo de crescimento econômico sem precedentes na história desde o início dos anos 1980, ela é hoje o principal emissor de CO_2 do mundo, com um montante de 9,8 bilhões de toneladas em 2017 (27 por cento das emissões globais), contra 5,3 bilhões de toneladas dos Estados Unidos (quinze por cento das emissões globais). No entanto, mesmo neste cenário, sua emissão *per capita* ainda é metade do montante estadunidense, que é de 16,2 toneladas *per capita*. Outra maneira fundamental para pensarmos a desigualdade e as mudanças climáticas é em termos de impacto: quem está pagando o preço das mudanças climáticas, e quem pagará cada vez mais conforme essas mudanças forem se intensificando? Jim Boyce, meu colega na Universidade de Massachusetts, dedicou muito tempo a um trabalho extraordinário em torno dessa questão. Para dar uma ideia geral, eis o que ele escreveu:

> Os países ricos queimam mais combustíveis fósseis do que os países pobres, gerando mais emissões de dióxido de carbono. E dentro de qualquer país são os ricos que mais se beneficiam da economia calcada em combustíveis fósseis, em virtude do fato de que consomem mais bens e serviços. Ao mesmo tempo, são os países pobres e as pessoas pobres que precisarão arcar com os maiores custos do aquecimento global. Eles terão menor capacidade de investir em ares-condicionados, barreiras marítimas e outras formas de adaptação. Eles vivem mais perto das zonas-limite [...] e os modelos climáticos mostram as regiões que serão mais afetadas pelo aquecimento global, o que inclui as regiões suscetíveis à seca na África subsaariana e aquelas vulneráveis a ciclones no sul e sudeste da Ásia, territórios que abrigam algumas das populações mais pobres do mundo.[18]

Também existe o fato de que interromper a extração global de petróleo, carvão e gás natural implicará um custo proporcionalmente maior para os trabalhadores e comunidades que hoje dependem desses setores para o seu sustento do que para os proprietários (os acionistas) das grandes corporações privadas de combustíveis fósseis. Já discuti a situação das corporações e de seus acionistas, mas permita-me elencar outra vez os pontos principais. Claro, a valorização das empresas privadas de combustíveis fósseis pelo mercado financeiro precisará despencar nas próximas duas ou três décadas. Estima-se um valor total de 3 trilhões de dólares para o petróleo, o carvão e o gás natural pertencentes a essas empresas que não poderão ser queimados se quisermos manter alguma esperança de estabilização do clima. É uma quantia formidável de dinheiro. Mas, como discuti anteriormente, esse valor potencial de 3 trilhões, atrelado à posse de óleo, carvão e gás natural "inqueimáveis", cairá de forma constante durante os próximos, digamos, trinta anos. O resultado seria um declínio médio do valor dessas empresas de 100 bilhões de dólares ao ano — o que ainda é muito dinheiro, mas apenas uma parcela ínfima do valor total do mercado financeiro em 2019, de cerca de 317 trilhões. Esse declínio anual de 100 bilhões de dólares, portanto, representaria aproximadamente míseros 0,03 por cento do valor atual do mercado financeiro global. Diante desses números, não há dúvida de que qualquer investidor financeiro de inteligência razoável admitirá que chegou a hora de deixar para trás os combustíveis fósseis e investir em outras coisas.

Os trabalhadores e comunidades que hoje dependem do setor de extração de combustíveis fósseis para o seu sustento não terão essa oportunidade de transição suave — a não ser, é claro, que sejam implementadas políticas generosas e eficazes para que eles possam fazer uma transição justa. Isso porque o seu sustento e a saúde de suas comunidades estão cem por cento atrelados aos empregos do setor. Quando os empreendimentos de combustíveis fósseis nessas comunidades forem encerrados, os trabalhadores perderão seus empregos, o valor de suas casas despencará e as fontes de arrecadação para bancar hospitais, escolas públicas, serviços de segurança, limpeza das ruas, transporte público e manutenção dos parques secarão.

É exatamente por isso, como discutirei em detalhes mais adiante, que as políticas de transição justa devem ser encaradas como um aspecto central e prioritário de qualquer projeto de Green New Deal digno desse nome, seja qual for a região do mundo. Em termos mais gerais, um projeto global de Green New Deal deve ter como foco zerar as emissões de CO_2 até 2050 por uma via que, na verdade, está ao nosso alcance: um projeto que também seja capaz de expandir as boas oportunidades de trabalho e elevar o padrão de vida de trabalhadores e pobres do mundo todo. O Green New Deal global também pode servir de instrumento para derrotarmos a encarnação neoliberal e corporativista do capitalismo que tem dominado a economia global nas últimas duas gerações, e também o neofascismo que surgiu na última década como resposta distorcida e pseudopopulista ao neoliberalismo.

Para continuarmos na questão do impacto desigual das mudanças climáticas de acordo com o país, nível de desenvolvimento e classe social, alguns líderes de países em desenvolvimento, como o primeiro-ministro da Índia, Narendra Modi, têm falado de "justiça climática". Eles se referem ao fato de que não foram as suas economias que criaram a crise climática. De acordo com esse raciocínio, por que então eles deveriam sacrificar o próprio crescimento econômico para combater as mudanças climáticas? Qual é a sua visão em relação ao argumento da "justiça climática", Noam?

NC: Essa postura é em parte justa, e a isso podemos acrescentar que os países pobres, muito menos responsáveis pela crise, são suas principais vítimas, inclusive a Índia. No entanto, ao levarmos em conta as consequências para esses países em particular, usar isso como justificativa para postergar o enfrentamento da crise climática seria uma postura suicida. A resposta certa, elencada em acordos internacionais de forma tímida e muito limitada, é exigir que os países ricos prestem o devido auxílio na transição para uma matriz energética sustentável. Como mencionei antes, a organização do Partido Republicano não tolerará isso.

É possível prestar o auxílio necessário de muitas maneiras, inclusive de algumas muito simples que poderiam ter um impacto considerável e mal ultrapassariam a margem de erro estatística dos orçamentos nacionais. Para dar um exemplo, boa parte da Índia está se tornando quase inabitável por causa de ondas mais intensas e frequentes de calor — no Rajastão, por exemplo, a temperatura durante o verão de 2019 chegou aos 50°C. Aqueles que podem pagar o preço utilizam ares-condicionados muito ineficientes e poluentes. Seria fácil corrigir isso. Quanto custaria para os países ricos ajudar as pessoas a pelo menos suportarem o destino que impusemos a elas com nossa insensatez?

Para constar, isso é o mínimo do mínimo. Tenho certeza de que podemos aspirar a coisas maiores, como um futuro em que todos compreendam que os grupos mais vulneráveis, dentro e fora de nosso país, devem ser nossa maior preocupação, e no qual as instituições sejam radicalmente transformadas de modo a refletir e facilitar esse entendimento. Da mesma forma como devemos construir as bases de uma sociedade futura a partir da atual (seguindo o conselho de Bakunin), também é preciso trabalhar incessantemente pela criação de uma ordem social mais humana. A ideia não tem nada de novo e deveria ser uma prioridade constante.

A temperatura média da Terra já subiu cerca de 1,1°C desde os anos 1880. Mais ou menos no intervalo da última década esse aumento provocou tempestades, incêndios florestais, secas, branqueamentos de corais, ondas de calor e enchentes que quebram os recordes anteriores no mundo todo. As regiões e comunidades pobres são mais vulneráveis a esses impactos por uma razão básica: elas dispõem de menos recursos para se protegerem. Que grandes ações são necessárias para proteger as pessoas, as comunidades e o meio ambiente contra os impactos cada vez mais severos que já estão ocorrendo?

RP: Vale a pena enfatizar ambas as partes de sua pergunta. Quero dizer o seguinte: em primeiro lugar, vamos deixar claro que os impactos severos das mudanças climáticas não são problema que apenas os filhos, netos e bisnetos precisarão enfrentar, dependendo dos modelos de previsão climática que se mostrarem acertados. Os efeitos já estão em andamento agora mesmo. Tanto é que o relatório *State of the Global Climate*, publicado em 2019 pela Organização Meteorológica Mundial (WMO, na sigla em inglês), relata que "os indícios físicos e impactos socioeconômicos das mudanças climáticas vêm acelerando conforme concentrações recordes de gases de efeito estufa que elevam as temperaturas globais a níveis cada vez mais perigosos".[19]

Como você observou, esses eventos provocados pelo clima sempre serão mais danosos para pessoas e comunidades de baixa renda. As razões são evidentes. Fazendeiros em terras interioranas dependem da chuva para irrigação e de florestas para prevenir enchentes. Portanto, eles acabam afetados de forma mais grave conforme a frequência e a severidade das secas e enchentes. São as pessoas pobres que não têm dinheiro para comprar comida quando os preços sobem após uma seca ou uma enchente. As comunidades de baixa renda também têm sistemas menos eficientes de drenagem de água e menos diques e represas para blindá-las de enchentes.

O relatório da WMO de 2019 oferece provas contundentes desses efeitos, destacando o ciclone tropical Idai, dentre outros eventos climáticos extremos ocorridos em 2018. O Idai provocou enchentes devastadoras, deixando mais de 1.300 mortos em Moçambique, Zimbábue e Malawi, além de milhares de desaparecidos. O estudo também descreveu 281 enchentes ocorridas em 2018, que impactaram a vida de mais de 35 milhões de pessoas; dentre elas, estão os residentes da província indiana de Kerala, que registrou a chuva mais forte e a enchente mais grave em quase um século. Em 2018, também vimos o aumento da fome no mundo em decorrência de extremos climáticos, interrompendo um longo período de declínio da fome e da desnutrição. Portanto, é de esperar que os números globais referentes à fome, que hoje atinge 820 milhões de pessoas (mais de dez por cento da população mundial), continuem a subir devido ao aumento constante da temperatura média global.

Se recuarmos apenas um ano até 2017, Porto Rico sofreu com os furacões Irma e Maria. Este último foi a pior tempestade a atingir Porto Rico em oitenta anos. De acordo com diversas estimativas do governo porto-riquenho, Irma e Maria causaram cerca de três mil mortes, a perda de oitenta por cento do valor da safra na ilha por anos e até 90 bilhões de dólares em danos a propriedades, número equivalente a mais ou menos noventa por cento do PIB porto-riquenho naquele ano.[20] Os desastres em decorrência das mudanças climáticas serviram apenas para agravar a severa crise econômica que já assolava Porto Rico, provocada pelas duras políticas de austeridade que Wall Street e os legisladores estadunidenses haviam imposto à ilha.

Experiências assim se tornarão cada vez mais frequentes daqui em diante. Por isso, é fundamental que um projeto de Green New Deal global inclua medidas substanciais de proteção contra os impactos das mudanças climáticas. Essas medidas devem começar por uma grande expansão das instalações de armazenamento de comida, sementes e água fresca, garantindo que essas estruturas fiquem bem protegidas de eventos climáticos. Em segundo lugar, deve haver uma infraestrutura de gerenciamento da demanda de água, incluindo barreiras marítimas, represas, estações de bombeamento, pavimentos permeáveis e uma abundante vegetação capaz de armazenar água. As construções já existentes em áreas vulneráveis deveriam ser recondicionadas, com a inclusão de paredes protetoras e telhados verdes para proteção contra o calor e a água da chuva. Novas construções em áreas vulneráveis deveriam ser erguidas com fundações mais altas ou sobre palafitas. O cultivo orgânico também oferece importantes benefícios em termos de proteção contra as intempéries, além das outras vantagens já mencionadas com relação ao agronegócio. Isso porque o cultivo orgânico é mais eficiente do que o agronegócio de escala industrial quando se trata de armazenar a água disponível, utilizando-a de modo mais eficaz e combatendo a erosão. O cultivo orgânico também possibilita safras maiores durante secas e outras situações adversas.

Além de todas essas formas adicionais de proteções físicas, as pessoas e comunidades precisam ter acesso a seguros financeiros contra danos climáticos de grande eficácia a preços praticáveis. Na maioria das situações, será preciso oferecer isso por meio de programas públicos, pois o preço dos seguros privados relevantes aqui, como o de danos à propriedade e quebra de safra, é alto demais para praticamente todas as pessoas vulneráveis. Programas públicos de seguro climático poderiam ser implementados para a economia como um todo, talvez em conjunto com programas já existentes, como a seguridade social ou o seguro-desemprego. Eles também poderiam ser implementados em menor escala ou de maneira mais localizada, talvez sob a forma inovadora de microfinanciamento para comunidades pobres.

Claro, todas essas medidas de adaptação custarão dinheiro. Já existem diversos programas de apoio financeiro em operação no mundo todo, seja na forma de medidas voltadas especificamente para as mudanças climáticas, seja de componentes de políticas mais gerais de infraestrutura e desenvolvimento habitacional. Mas é evidente que os auxílios atuais não chegam nem perto do que seria adequado, sobretudo quando falamos — mais uma vez — de regiões e comunidades de baixa renda. E aqui, sob o prisma da decência básica, temos uma justificativa para que os governos dos países de alta renda atuem como fonte principal de financiamento desses projetos em nível global. Eles representam os países responsáveis por saturar a atmosfera de gases de efeito estufa, enquanto, de forma desproporcional, as pessoas e comunidades de baixa renda agora sofrem as consequências das mudanças climáticas que já se impõem sobre nós.

Embora a adesão sincera de todas as nações seja fundamental para a luta pela redução das emissões de carbono, não há dúvida de que os países ricos dispõem de muito mais recursos para financiar um Green New Deal do que os países pobres. O fato é esse, por mais que os países ricos sejam responsáveis pela criação da crise. Nesse contexto, precisamos colocar em pauta a discussão do "financiamento climático". Bob, você poderia delinear para nós um cenário realista e factível para o projeto de investimentos de um Green New Deal global?

RP: Para começo de conversa, é importante pensarmos as **políticas industriais e financeiras** de modo conjunto, encarando-as como uma estrutura integrada para a construção de uma economia global de emissão zero. Isso exposto, vamos trabalhar com o seguinte:

Políticas industriais

Precisaremos de políticas industriais que promovam inovações técnicas e, ainda mais amplamente, adaptações a tecnologias de energia limpa já existentes. As políticas de cada país devem ser elaboradas conforme suas condições específicas.

O investimento pesado em eficiência energética por parte dos próprios governos e o estímulo à compra de energia limpa e renovável são um exemplo de grande intervenção política que poderia facilitar a criação de um mercado efervescente de energia limpa. Existe um precedente histórico comparável a isso: o desenvolvimento da Internet pelo Exército estadunidense a partir do início dos anos 1950. No período em que a Internet era adaptada a uma escala comercial, o Exército dos Estados Unidos garantiu a demanda pelo serviço durante 35 anos, o que viabilizou o período de incubação da tecnologia e permitiu que investidores privados desenvolvessem gradualmente estratégias eficazes de comercialização.[21]

Neste caso, ainda será fundamental garantir a estabilidade dos preços da energia produzida por fontes renováveis por meio de compras privadas. Essas políticas são chamadas de "tarifas *feed-in*". Em específico, trata-se de contratos que obrigam as concessionárias a comprar energia elétrica de fornecedores privados de energia renovável a preços determinados por contratos de longo prazo. As tarifas *feed-in* foram implementadas pela primeira vez nos Estados Unidos nos anos 1970, e hoje existem diversos programas locais e estaduais em operação. No entanto, as tarifas *feed-in* tiveram um impacto muito mais significativo fora dos Estados Unidos, sobretudo na Alemanha, Itália, França, Espanha e no Canadá. O fator--chave para o sucesso desses programas é muito simples: os preços da energia renovável foram fixados de modo a refletir adequadamente os custos de produção de energia, garantindo o lucro do fornecedor. Isso, por sua vez, encorajou o investimento privado em energias renováveis ao propiciar um ambiente de mercado com estabilidade de longa duração.

Outro conjunto importante de políticas é aquele cujo objetivo é reduzir de forma direta o consumo de petróleo, carvão e gás natural. Uma dessas políticas inclui os tetos e a taxação de carbono, como expliquei anteriormente. Ao menos no papel, os tetos de carbono estabelecem um limite rígido para os níveis aceitáveis de emissões por parte de grandes poluidores, como as concessionárias. Essas medidas também elevarão o preço do petróleo, carvão e gás natural ao limitarem seu fornecimento. A taxação de carbono, por outro lado, aumentaria diretamente os preços dos combustíveis fósseis para os consumidores, e teria por objetivo reduzir o consumo dessas substâncias por meio de sinais de preço. As duas abordagens podem ser eficientes, contanto que o teto seja rígido o bastante ou a taxação alta o suficiente para reduzir de forma significativa o consumo de combustíveis fósseis, e desde que haja pouca ou nenhuma isenção. Aumentar o preço dos combustíveis fósseis também aumentará naturalmente os incentivos à eficiência energética e aos investimentos em energia limpa, servindo ainda como fonte de renda para ajudar a financiar esses investimentos. Retomarei esse ponto a seguir.

No entanto, cada uma dessas abordagens acarreta igualmente problemas relevantes. Estabelecer um teto ou a taxação de carbono terá consequências distributivas negativas que precisam ser levadas em conta durante a elaboração da política. Se todo o resto permanecer igual, o aumento do preço dos combustíveis fósseis afetará os domicílios de baixa renda mais do que os abastados, visto que a gasolina, os combustíveis usados para aquecimento doméstico e a eletricidade comprometem uma parcela maior do orçamento das famílias de baixa renda.

Uma solução eficiente para o problema seria restituir aos domicílios de baixa renda uma parcela significativa da arrecadação gerada pelo teto ou pela taxação de carbono, compensando assim a elevação dos custos da energia proveniente de combustíveis fósseis.[22] As diretrizes de energias limpas para concessionárias e os parâmetros de eficiência energética para edifícios e veículos de transporte têm função semelhante ao teto de carbono. Ou seja, as diretrizes para as concessionárias estabelecem as porcentagens mínimas de energia renovável que elas precisarão cumprir. Já os padrões de eficiência energética para automóveis determinam os níveis mínimos de quilometragem por litro de gasolina que uma determinada frota deverá atingir para estar em conformidade com a lei. Também é possível estabelecer exigências de performance para edifícios, determinando os níveis aceitáveis de consumo energético para um edifício conforme o seu porte.

Entretanto, um grande problema constatado com os tetos de carbono e padrões de eficiência foi a dificuldade de garantir o cumprimento da lei. Em um dos exemplos mais importantes, quando esses programas de teto foram adotados em paralelo à opção de licenças de carbono (em políticas como a comercialização do material), foi difícil impor, ou mesmo fiscalizar, um teto rígido. É fácil burlar os tetos tirando proveito das complexas exigências de comercialização.[23] Em contextos assim, os padrões regulatórios acabam simplesmente ignorados sem que ninguém perceba. Por exemplo, o estado de Nova York havia estabelecido diretrizes para o próprio portfólio ao estipular que, até 2015, 29 por cento de sua eletricidade deveria ser gerada a partir de fontes renováveis. No entanto, o estado só foi capaz de obter 21 por cento de sua energia a partir de fontes limpas dentro desse prazo, sendo que dezessete por cento dela já provinha havia muito tempo de usinas hidrelétricas em operação havia décadas. No entanto, nem o governador Andrew Cuomo nem nenhuma outra autoridade jamais admitiram publicamente esse fracasso, nem mesmo quando estipularam metas bem mais ambiciosas do que aquelas para o futuro. A conclusão, portanto, é que todas essas regulações precisam ser cobradas de forma rigorosa.[24]

Como observei antes, uma abordagem direta com boa probabilidade de atrair a atenção de atores relevantes é estipular que qualquer fracasso em atender às diretrizes de energia limpa seja passível de punição, com previsão de pena de prisão para o CEO da concessionária.

Financiamento barato e acessível

A princípio, esse problema não deve ser especialmente desafiador. Para começar, o Credit Suisse estima que, em 2019, o valor total de ativos financeiros no mundo todo era de 317 trilhões de dólares. Os 2,4 trilhões que proponho direcionar para investimentos em energia limpa em 2021 representam apenas 0,7 por cento desse total.

Ainda assim, é importante ancorar a discussão em propostas específicas. Dessa forma, para fins de exemplo, proponho quatro fontes de financiamento de grande escala que serviriam de alicerce para os investimentos públicos em energia limpa. Talvez outras abordagens também sejam viáveis. Essas quatro fontes seriam: (1) um imposto sobre o carbono, em que 75 por cento da receita seria restituída à população e os outros 25 seriam direcionados para projetos de investimento em energia limpa; (2) uma transferência de recursos dos orçamentos militares de todos os países, sobretudo dos Estados Unidos; (3) um programa de empréstimos de Títulos Verdes lançado pelo Federal Reserve estadunidense e pelo Banco Central Europeu; e (4) a erradicação de todos os subsídios a combustíveis fósseis existentes e o redirecionamento de 25 por cento desses fundos para investimentos em energia limpa. É possível defender a solidez de cada uma dessas medidas de financiamento, mas cada uma delas também apresenta fragilidades, incluindo sua própria viabilidade política. A abordagem mais sensata, portanto, seria adicionar essas medidas a um pacote unificado que amenize as deficiências que elas teriam enquanto medidas avulsas. A tabela incluída no apêndice deste livro apresenta esse conjunto único de propostas de maneira resumida.

1. Taxação de carbono com restituição. Conforme mencionado anteriormente, a taxação de carbono tem como mérito a capacidade de moldar as políticas climáticas a partir de duas vias: ela eleva o preço dos combustíveis fósseis e, consequentemente, desestimula seu consumo, ao mesmo tempo que gera uma nova fonte de receitas para o governo. Ao menos parte da arrecadação com a taxação de carbono poderá então ser encaminhada para o apoio a projetos de investimento em energia limpa. Mas a taxação de carbono atingirá pessoas de baixa e média renda de forma desproporcional, visto que elas destinam uma parte maior de seus ganhos a gastos com eletricidade, transporte e aquecimento doméstico. Uma restituição de valor fixo, como propôs James Boyce, é a maneira mais simples de garantir que o impacto total dessas taxas seja distribuído de forma igualitária por todos os estratos da população.[25]

Consideremos, portanto, um programa de taxação e restituição nos moldes a seguir. Vamos mirar mais uma vez em 2024, o primeiro ano em que o programa de investimentos estaria em plena atividade. Comecemos com uma taxa módica, de vinte dólares por tonelada de carbono. Dados os níveis atuais de emissão de CO_2, isso renderia cerca de 625 bilhões de dólares em receitas. Se nos concentrarmos no preço da gasolina, uma conta de padaria para estimar o impacto da taxação de carbono sobre os preços do varejo é que cada dólar em taxação de carbono aumentará em cerca de um centavo de dólar o preço do galão de gasolina (3,6 litros). Assim, uma taxa inicial de vinte dólares por tonelada aumentará em vinte centavos o preço do galão. Em 2020, o preço médio no varejo do galão de gasolina no mundo é de quatro dólares, embora os preços médios variem muito conforme o país, a depender da taxação e da distribuição da gasolina. No entanto, apenas para fins de exemplo, a taxa de vinte dólares por tonelada de carbono aumentaria o preço médio global de varejo em cinco por cento em comparação à realidade de 2020.

Se utilizarmos apenas 25 por cento dessa receita para financiar investimentos em energia limpa, isso significaria cerca de 160 bilhões de dólares destinados a projetos de investimento. Os 75 por cento da arrecadação total, restituídos à população em parcelas idênticas, seriam de 465 bilhões. Isso significaria sessenta dólares para cada habitante do planeta, ou 240 para uma família de quatro pessoas.[26]

2. Transferência de fundos dos orçamentos militares. Os gastos militares globais em 2018 foram de 1,8 trilhão de dólares.[27] O orçamento militar dos Estados Unidos, de cerca de 700 bilhões, representa quase quarenta por cento do total global. Existem bases sólidas éticas e lógicas para defendermos o redirecionamento de uma porção substancial dos gastos militares totais de cada país — senão a maior parte desses orçamentos — para o apoio à estabilização do clima, se levarmos a sério a ideia de que os gastos militares destinam-se fundamentalmente à garantia de segurança dos cidadãos de cada país. Mas, para nos mantermos dentro do espectro da viabilidade política, vamos presumir que seis por cento dos gastos militares globais sejam transferidos para o apoio à segurança climática. A transferência de seis por cento dos fundos seria aplicada a todos os países de forma proporcional. O montante total de fundos arrecadados assim seria de 100 bilhões de dólares.

3. Financiamento de Títulos Verdes pelo Federal Reserve e o Banco Central Europeu. A resposta à crise financeira global de 2007 a 2009 e a subsequente Grande Recessão demonstraram que o Federal Reserve é capaz de fornecer fundos praticamente ilimitados para o resgate de mercados financeiros privados durante crises. O amplo estudo *The Cost of the Crisis*, realizado pela Better Markets em 2015, concluiu que o Federal Reserve destinou quase 12,2 trilhões para evitar a quebra do sistema financeiro, estabilizar a economia e estimular o crescimento econômico.[28] Eu proponho que o Fed forneça 150 bilhões para o financiamento de Títulos Verdes. Isso representaria ínfimo 1,2 por cento de suas operações de resgate durante a crise de 2007–2009. O financiamento de apoio do Fed poderia ser injetado na economia global por vias diretas. Isso significaria que diversas entidades públicas, como o Banco Mundial, poderiam emitir Títulos Verdes de longo prazo com juro zero. O Fed compraria esses títulos. Para tanto, as diversas entidades públicas emissoras desses títulos precisariam de fundos para a implementação de toda a gama de projetos contemplados em um programa global de energia limpa.

No momento em que escrevo isto, essas diretrizes ainda não foram incluídas nas discussões políticas do Federal Reserve. Mas os Títulos Verdes estão se tornando um dos principais focos do Banco Central Europeu. Em dezembro de 2019, o *Financial Times* relatou que a então recém-empossada presidente do BCE, Christine Lagarde, tratava o assunto com celeridade:

> Lagarde [...] está pressionando pela inclusão de análises das mudanças climáticas em um relatório que o Banco Central deve emitir acerca da forma como conduz sua política monetária. Como o Banco Central é de longe a maior

influência para as condições financeiras do mercado, ele pode afetar de forma significativa as decisões que determinarão como será a transição climática da Europa.²⁹

Portanto é razoável esperar que o Banco Central Europeu também possa contribuir com 150 bilhões para o financiamento de Títulos Verdes, cobrindo a contribuição do Fed.

4. *Fim dos subsídios a combustíveis fósseis e direcionamento de 25 por cento dos fundos a investimentos em energia limpa.* Uma estimativa recente dos subsídios diretos sobre os combustíveis fósseis para o consumidor (calculada a partir da diferença entre os preços de fornecimento e o custo para o consumidor da energia proveniente de combustíveis fósseis) aponta para um montante de 3 trilhões de dólares em 2015, ou cerca de 0,4 por cento do PIB global.³⁰ O direcionamento integral desses fundos para o apoio a investimentos públicos em energia limpa, portanto, excederia com folga a estimativa de 2,6 trilhões em investimentos públicos em energia limpa em 2024. Esses 3 trilhões também representariam mais do que o dobro do montante necessário para cobrir um nível global de investimentos públicos de 1,3 trilhão. No entanto, esses subsídios para combustíveis fósseis são muito utilizados como apoio geral a todos os consumidores de energia. Os domicílios de baixa e média renda são, portanto, seus grandes beneficiários, ao lado, é claro, das produtoras de combustíveis fósseis. Sendo assim, em termos de distribuição global de renda, a eliminação simultânea de todos esses subsídios teria provavelmen-

te um impacto regressivo considerável, comparável ao que ocorreria com a criação de taxas de carbono sem um programa atrelado de restituição. Por isso, para que o apoio às famílias de baixa renda continue, a maioria dos fundos hoje direcionados a esses domicílios por meio do subsídio a combustíveis fósseis deve ser destinada à redução do custo ao consumidor das energias limpas ou a programas de transferência direta de renda para as classes mais baixas.

Dado que teríamos levantado um total de 560 bilhões de dólares com a taxação de carbono (160 bilhões), transferência de gastos militares (100 bilhões) e programas de Títulos Verdes dos bancos centrais (300 bilhões), poderíamos presumir que 25 por cento dos 3 trilhões de dólares (750 bilhões) levantados com o fim dos subsídios a combustíveis fósseis seriam redirecionados a fundos de investimento em energia limpa. Com esses recursos, atingiríamos o total de 1,3 trilhão necessário para os investimentos públicos que comporiam a metade dos 2,6 trilhões de dólares (entre investimentos públicos e privados) previstos para 2024.

Direcionamento de recursos financeiros para projetos específicos de investimento

Tanto os bancos gerais de desenvolvimento como os bancos de desenvolvimento voltados para propostas sustentáveis já estão consideravelmente engajados no financiamento de energias limpas. Será crucial incrementar esses esforços para alcançarmos o nível necessário de financiamento para investimentos em energias limpas por parte do setor privado.

O caso da Alemanha é emblemático, pois dentre as grandes economias desenvolvidas nenhuma foi tão bem--sucedida ao desenvolver uma matriz energética com base em fontes limpas. O KfW, banco estatal de desenvolvimento alemão, foi crucial para esse sucesso. Stephany Griffith-Jones examinou o impacto que o KfW teve na transformação da Alemanha em uma economia verde, com base em fontes renováveis e investimentos em eficiência energética. Ela descobriu que o KfW esteve presente em mais ou menos um terço de todos os financiamentos de investimentos verdes no país. Assim, o banco foi determinante para que ideias políticas se tornassem projetos concretos de investimento, tanto no âmbito da eficiência energética como no das energias renováveis. O banco também foi muito atuante no financiamento de projetos verdes de investimento em outras partes da Europa e em países em desenvolvimento. Griffith-Jones cscreve que "a combinação de políticas governamentais claras e de metas coordenadas dos bancos de desenvolvimento produziu resultados muito positivos para a infraestrutura verde da Alemanha, que pode ser replicada em países emergentes e em desenvolvimento".[31]

A autora do estudo também descreve os termos de financiamento oferecidos pelo KfW em todas as suas áreas ativas de crédito. Isso inclui uma gama de grandes subsídios a todos os seus projetos de crédito. Quando se trata do financiamento de investimentos em energia limpa em países desenvolvidos, também é determinante que os benefícios desses mesmos investimentos sejam desfrutados de forma ampla pelas camadas menos privilegiadas da sociedade. Em outro estudo, Griffith-Jones e seus coautores citam como exemplo de estratégia eficaz a expansão do acesso à eletricidade proveniente de fontes renováveis a preços baixos.[32] Os autores destacam que não é realista supor que os investimentos em energias limpas gerem lucros para os entes privados comparáveis aos de setores maduros de investimento, incluindo a energia de combustíveis fósseis. A exigência de que os custos de financiamento para investimentos em energia limpa sejam viáveis reforça o papel central dos bancos de investimento público com estratégias financeiras orientadas a partir de critérios sociais bem definidos.

De onde virá e para onde irá o dinheiro?

Precisamos ser capazes de responder a essa pergunta com clareza se quisermos que padrões básicos de justiça sejam incorporados ao Green New Deal global. Vamos começar reiterando três pontos básicos:

1. Olhando em retrospecto, os países de alta renda, a começar pelos Estados Unidos (incluindo também Canadá, Europa, Japão e Austrália), são os principais responsáveis pelas emissões de gases de efeito estufa que sobrecarregaram a atmosfera e provocam as mudanças climáticas. Portanto, esses países devem ser os principais responsáveis pelo financiamento de um Green New Deal global.

2. Ao deslocarmos nosso olhar dessa perspectiva histórica para o presente, veremos que em todos os países e regiões do mundo as pessoas de alta renda têm uma pegada de carbono imensamente superior à dos demais estratos da sociedade. Como documentou um estudo da Oxfam em 2015, a pegada média de carbono de alguém pertencente aos dez por cento mais ricos da população global é sessenta vezes maior do que a de alguém pertencente aos dez por cento mais pobres. O um por cento mais rico do mundo emite até 175 vezes mais carbono do que os dez por cento mais pobres.[33]

3. Os custos de investimento *a priori* de um Green New Deal global são substanciais e giram em torno de 2,5 por cento do PIB global ao ano, totalizando — conforme vimos — cerca de 2,6 trilhões de dólares em 2024. No entanto, esses investimentos se pagarão com o tempo, elevando drasticamente os níveis de eficiência energética e fornecendo energia limpa e renovável em abundância com preços iguais ou inferiores aos que os combustíveis fósseis e a energia nuclear têm hoje, com tendência de queda.

Dentro dessa configuração geral, qual seria o desempenho de minhas propostas de financiamento em termos de justiça entre os países?

Em primeiro lugar, com minha proposta simples de taxação, todas as pessoas no planeta receberão uma restituição de sessenta dólares. Para um cidadão estadunidense médio, esses sessenta representarão um minúsculo incremento de 0,1 por cento sobre sua renda total. Mas, para um cidadão médio do Quênia, digamos, esse montante adicional aumentará suas receitas em seis por cento. Na prática, cada governo precisará elaborar sua própria maneira de distribuir esses fundos para suas respectivas populações. Na verdade, há muitas formas de implementar um sistema global justo de taxação de carbono.[34] O impacto da transferência de seis por cento de todos os gastos militares globais, se a restituição se der de forma proporcional aos atuais orçamentos militares de cada país, também terá um forte caráter igualitário. Isso porque, a começar pelos Estados Unidos, os orçamentos militares dos países de alta renda são muito maiores do que os dos países de baixa e média renda.

A proposta de financiamento dos Títulos Verdes não tirará dinheiro do bolso de ninguém. Em vez disso, ela prevê a emissão de dinheiro por parte dos dois maiores bancos centrais do mundo para suprir necessidades. Seria exatamente o mesmo que essas instituições fizeram durante a crise financeira global de 2007–2009, exceto pelo fato de que a operação seria muito mais modesta do que as benesses oferecidas a Wall Street e à elite do mercado financeiro global para impedir o seu colapso. Para deixar claro, não estou sugerindo que o Federal Reserve dos Estados Unidos ou o Banco Central Europeu deva recorrer a políticas assim (conhecidas como "monetização de dívida", em termos técnicos) o tempo todo. Mas também é preciso deixar claro que essa é uma opção totalmente legítima, uma ferramenta à disposição desses proeminentes bancos centrais, e que deve ser utilizada, com as devidas restrições, em situações de crise. Percebam que esses fundos serão gerados pelos bancos centrais de países de alta renda, para então serem distribuídos de forma igualitária ao redor do globo, fomentando projetos de investimento vultosos em energia limpa mundo afora. Os bancos públicos de investimento servirão em todos os lugares, mas sobretudo nos países de baixa renda, como agentes primários para o avanço de projetos específicos de investimento. Os bancos públicos de investimento financiarão projetos de energia limpa tanto no setor público como no privado, bem como projetos de parceria público-privada. Não temos como definir uma dosagem ideal de participação pública e privada que seja aplicável a qualquer projeto em qualquer país. Não precisamos ser dogmáticos e fingir que isso é possível. Mas, seja qual for a situação, devemos nos ater ao princípio básico enfatizado por Griffith-Jones e seus coautores: em se tratando de projetos do setor privado, não é aceitável permitir que firmas privadas obtenham os mesmos padrões de lucro que elas vêm abocanhando nos últimos quarenta anos de neoliberalismo. As organizações privadas que aceitarem de bom grado os grandes subsídios públicos para investimentos em energia limpa deverão também estar dispostas a aceitar limites sobre o lucro. Esses princípios regulatórios são de praxe, por exemplo, no setor elétrico privado dos Estados Unidos. Seria fácil replicá-los em outros lugares.

Muitas pessoas temem que o fim do uso de combustíveis fósseis possa gerar uma extinção em massa de postos de trabalho. Mas será que a transição para fontes limpas não criaria novas vagas de emprego e, possivelmente, estimularia o crescimento?

RP: A ideia de que construir uma economia verde pode gerar novos empregos deveria ser intuitiva, embora muitas vezes as coisas sejam retratadas de maneira diametralmente oposta, isto é, como se o processo fosse um destruidor de postos de trabalho. A explicação é que construir uma economia verde implica necessariamente *construir*, ou seja, implica novos investimentos em grande escala no aprimoramento radical dos padrões de eficiência energética e a expansão também drástica da geração de energia renovável. Gastar dinheiro em quase qualquer coisa resulta na criação de empregos. A única questão relevante, portanto, deveria ser *quantos* postos serão gerados durante a construção de uma economia verde e, da mesma forma, quantos serão perdidos durante a retração — e o posterior desmanche — da infraestrutura de combustíveis fósseis.

Na verdade, países em diferentes estágios de desenvolvimento terão ganhos significativos em termos de geração de emprego a partir dos investimentos em energia limpa, se comparado ao que teriam com a manutenção da infraestrutura de combustíveis fósseis já existente. As pesquisas que conduzi com outros colegas detectaram que essa relação é válida para África do Sul, Alemanha, Brasil, China, Coreia do Sul, Espanha, Estados Unidos, Grécia, Índia, Indonésia e Porto Rico. A criação de novos empregos em um determinado patamar de gastos oscila de mais ou menos 75 por cento, no Brasil, até 350 por cento, na Indonésia. Utilizando a Índia como exemplo concreto, Shouvik Chakraborty e eu estimamos que um aumento dos investimentos em energia limpa de dois por cento do PIB a cada ano durante um período de vinte anos levará a um aumento líquido médio de mais ou menos 13 milhões de empregos ao ano. Isso representaria um ganho de cerca de três por cento dos postos de trabalho disponíveis, se tomarmos como referência a economia indiana de hoje. Chegamos a esse número *depois* de colocarmos na balança os postos que serão fechados em razão do encolhimento do setor de combustíveis fósseis.

No entanto, não há garantias de que os postos de trabalho gerados por investimentos em energia limpa fornecerão uma compensação decente para os trabalhadores. Tampouco é possível afirmar que esses empregos decerto trarão melhores condições de trabalho, fortalecerão as representações sindicais ou reduzirão a discriminação contra mulheres, minorias étnicas ou outros grupos minoritários no ambiente de trabalho. Mas a existência de novos investimentos criará um ambiente favorável à mobilização política em diversas áreas: melhoria das condições de trabalho, maior cobertura sindical e mais ofertas de empregos para minorias.

Ao mesmo tempo, trabalhadores e comunidades do mundo todo cujo sustento depende do consumo de petróleo, carvão e gás natural sairão perdendo nessa substituição de matriz energética. Não chega a ser grande exagero dizer que o destino do planeta depende de nossa capacidade de implementar políticas justas de transição para os trabalhadores e comunidades que sofrerão os impactos negativos do declínio e encerramento do setor de combustíveis fósseis. Políticas justas de transição certamente são justificáveis sob quaisquer padrões de legitimidade. Mas também é uma questão de estratégia política. Se esses programas de auxílio de transição não operarem em grande escala, esses indivíduos que sofrerão com o encolhimento do setor em razão dos projetos de investimento em energias limpas irão, de maneira previsível e compreensível, lutar em defesa de seu sustento e de suas comunidades. Isso, por sua vez, criará atrasos inaceitáveis para o avanço de políticas eficazes de estabilização do clima.

Se pensarmos no caso da economia dos Estados Unidos, Brian Callaci e eu estimamos de forma aproximada, mas embasada, que um programa nesses moldes custaria 600 milhões de dólares ao ano, um valor relativamente modesto (equivale a menos de 0,2 por cento do orçamento do governo federal estadunidense em 2018).[35] Um financiamento dessa magnitude forneceria um grande apoio em duas áreas: (1) auxílios de renda, reciclagem e recolocação no mercado de trabalho para os trabalhadores vitimados pela retração do setor; e (2) garantia de aposentadoria para trabalhadores dos setores afetados. Certamente será preciso implementar programas semelhantes em outros países.

Outra área que precisa ser contemplada nas discussões por uma transição justa é o reinvestimento e o apoio geral a comunidades que, na atualidade, dependem muito do setor de combustíveis fósseis. Essas comunidades enfrentarão desafios duríssimos em sua adaptação ao declínio desse setor. Um conjunto óbvio de projetos incluiria a limpeza e a devolução das terras ao redor de minas abandonadas de carvão e pontos de extração de petróleo e gás natural. Outro seria o recondicionamento da terra para outros usos. O Vale do Ruhr, na Alemanha, tradicional lar dos setores químico, metalúrgico e carvoeiro do país, é um proeminente caso de recondicionamento bem-sucedido. Desde os anos 1990, a região tem executado políticas industriais para desenvolver novos empreendimentos de energia limpa. Um exemplo importante oferecido pela iniciativa de recondicionamento da região é a RAG AG, empresa de extração de carvão alemã que, durante o processo, transformou a mina de carvão Prosper-Haniel em reservatório de uma central hidrelétrica reversível de 200 megawatts. O local agora funcionará "como uma bateria gigante", com capacidade de alimentar mais de 400 mil casas na porção da Westfália situada a norte do Reno.[36]

Uma alternativa à proposta do Green New Deal para salvar o planeta dos efeitos catastróficos do aquecimento global seria a transição para uma nova economia livre de desperdícios e da necessidade de crescimento contínuo. Os adeptos dessa linha de pensamento se aglutinaram no movimento do "decrescimento". Bob, a seu ver, quão factível, ou mesmo desejável, é o decrescimento?

RP: Tenho discordado dos proponentes do decrescimento já há alguns anos. A meu ver, as reflexões básicas em torno dele são bastante honestas. Não obstante, salvo poucas exceções, não pareço ter sido muito bem-sucedido em minha tentativa de persuadir os proponentes dessa alternativa. Vou tentar uma outra vez aqui.

Para começo de conversa, tenho grande respeito pela maioria dos pesquisadores e ativistas que defendem o decrescimento. Partilho de praticamente todos os seus valores e preocupações.[37] Para ser mais específico, concordo que o crescimento econômico descontrolado gera danos ambientais graves em paralelo ao aumento da oferta de bens e serviços consumidos por lares, empresas e governos. Também concordo que uma parcela considerável de tudo o que é consumido e produzido na atual economia capitalista global envolve desperdícios, em boa parte (senão em maior parte) quando se trata do consumo das pessoas de alta renda ao redor do mundo. Também é bastante óbvio que o crescimento por si só enquanto categoria econômica não significa nada em termos de distribuição dos custos e benefícios de uma economia em expansão. Quanto ao Produto Interno Bruto (PIB) enquanto construto estatístico para mensurar o crescimento econômico, não há como discordar que ele é incapaz de quantificar os ônus ambientais atrelados aos bônus de consumo. O PIB tampouco leva em conta o trabalho não remunerado, realizado sobretudo pelas mulheres, ou nos dá qualquer informação sobre a distribuição de renda ou riqueza.

Tendo reconhecido todos esses pontos de concordância, ainda acho que, referente à questão específica das mudanças climáticas, o decrescimento não nos propicia nada próximo de uma estrutura viável de estabilização. Pensemos em termos de aritmética simples. Sabemos que, de acordo com o IPCC, as emissões globais de CO_2 precisam cair de seus níveis atuais de 33 bilhões de toneladas para zero dentro de trinta anos. Agora vamos presumir que, seguindo uma pauta de decrescimento implementada sob a forma de um programa de redução de emissões, o PIB global passe por uma contração de dez por cento nos próximos trinta anos. Isso representaria uma redução do PIB global quatro vezes maior do que aquela que enfrentamos durante a crise financeira de 2007-2009 e a Grande Recessão. Em termos de emissões de CO_2, o efeito líquido dessa contração de dez por cento do PIB, se analisada de forma isolada, seria uma redução das emissões de exatos dez por cento — isto é, de 33 para 30 bilhões de toneladas. A economia global ainda não estaria nem perto de zerar as emissões, mesmo tendo produzido o equivalente a uma Grande Depressão com seus esforços. Além disso, qualquer contração do PIB global acarretaria perdas imensas de postos de trabalho e o declínio dos padrões de vida dos pobres e trabalhadores. O desemprego global aumentou mais de 30 milhões durante a Grande Recessão. Não vi nenhum defensor do decrescimento apresentar um argumento convincente de como poderíamos evitar um aumento severo do desemprego caso o PIB caísse o dobro do que caiu entre 2007 e 2009.

Portanto, é bastante claro que, mesmo em um cenário de decrescimento, o fator preponderante para a redução das emissões não será a contração geral do PIB, mas um aumento massivo de eficiência energética e de investimentos em energias limpas renováveis (que, em termos contábeis, contribuirá para o aumento do PIB) acompanhado de cortes de igual proporção no consumo e produção de petróleo, carvão e gás natural (que serão contabilizados como redução do PIB). Em outras palavras, o setor global de energias fósseis terá que "decrescer" até zero em 2050, enquanto o setor de energia limpa se expandirá imensamente.

Esses problemas fundamentais do decrescimento são bem ilustrados pelo caso do Japão, economia que apresenta baixo crescimento há uma geração e, mesmo assim, mantém um alto nível de renda *per capita*. Herman Daly, sem dúvida um dos grandes progenitores intelectuais do decrescimento, refere-se ele próprio ao Japão como "uma economia já na metade do caminho da estagnação, queiram eles usar esse termo ou não".[38] Daly se refere ao fato de que, entre 1996 e 2015, o crescimento do PIB no Japão teve uma média anêmica de 0,7 por cento ao ano. Para termos de comparação, a taxa média foi de 4,8 por cento ao ano no período entre 1966 e 1995. Mesmo assim, em 2018, o Japão ainda figurava no topo dos *rankings* de renda das principais economias do mundo, com PIB *per capita* médio de cerca de 40 mil dólares.

Embora a economia do Japão tenha crescimento próximo de zero há quase 25 anos, suas emissões de CO_2 continuam entre as mais elevadas do mundo: 8,8 toneladas *per capita* em 2017. Além disso, as emissões *per capita* do Japão apresentaram apenas uma suave queda desde meados dos anos 1990. A razão é clara: conforme dados de 2017, 89 por cento do total de energia consumida pelo Japão ainda provém da queima de petróleo, carvão e gás natural. Hidrelétricas respondem por cerca de dois por cento do consumo energético total do país, enquanto a energia solar e eólica fornece outros dois por cento.[39] Assim, apesar de "estar na metade do caminho da estagnação", a economia do Japão, na mais otimista das leituras, avançou muito pouco na rota para a estabilização do clima, muito embora, ao menos em seus pronunciamentos oficiais, o país tenha assumido os compromissos de expandir seu setor de energia renovável e reduzir suas emissões de forma ágil. No entanto, como todas as economias, grandes ou pequenas, estagnadas ou em rápida expansão, o Japão precisa levar a sério sua promessa de ampliar maciçamente seu setor de energia limpa renovável e "decrescer" sua dependência de petróleo, carvão e gás natural até zerá-la.

Noam, como você se sente em relação à alternativa do "decrescimento" para enfrentar o desafio das mudanças climáticas?

NC: A migração para a energia sustentável implica crescimento: construção e instalação de painéis solares e turbinas eólicas, climatização de casas, grandes projetos de infraestrutura para criar sistemas eficientes de transporte coletivo e muito mais. Se quisermos ser coerentes, não podemos dizer apenas que "o crescimento é ruim". Às vezes sim, às vezes não. Depende do tipo de crescimento. É claro que todos devemos apoiar um "decrescimento" (em ritmo vertiginoso) dos setores de energia, de instituições financeiras altamente predatórias, do perigoso e superdimensionado *establishment* militar e de muitos outros setores que poderíamos listar. Devemos pensar em meios de desenvolver uma sociedade habitável, exatamente como Bob vem fazendo. Isso envolve crescimento e decrescimento, o que levanta muitas questões importantes. O equilíbrio entre ambos depende de uma vasta gama de decisões e escolhas particulares.

Noam, se presumirmos que as nações ricas contribuirão com aportes significativos de dinheiro para que os países em desenvolvimento possam fazer sua parte na contenção dos efeitos das mudanças climáticas, devemos esperar que essas nações imponham exigências políticas e econômicas aos países em desenvolvimento? Sendo assim, é possível que uma nova forma de imperialismo surja a partir das relações entre nações centrais e periféricas da economia capitalista global? E, caso isso seja verdade, devemos nos preparar também para empecilhos políticos contra um Green New Deal dentro dos países em desenvolvimento?

NC: Gostaria de estar mais confiante com relação a esse tema. Como já mencionei, a organização em torno do Partido Republicano se opõe firmemente ao auxílio a países pobres, da mesma forma como está determinada a punir com rigor os estadunidenses pelo crime de não contribuírem o suficiente para os cofres dos ricos e merecedores.[40] E não se vê muito apoio a aportes do tipo nem mesmo em setores menos raivosos da sociedade dentro ou fora dos Estados Unidos. Talvez valha a pena mencionar que a população estadunidense tem ideias estranhamente equivocadas a respeito dos auxílios externos. Pesquisas mostram que nossa população superestima muito a magnitude desses auxílios, mas, quando indagados a respeito de qual deveria ser o montante total, mencionam valores muito acima dos minúsculos níveis reais. Isso sugere a possibilidade de uma perspectiva positiva para a organização de um apoio público a essas medidas de importância crucial (e obrigatórias do ponto de vista moral). Em geral, o que acontecerá, nesse sentido, dependerá da consciência, da força e do grau de comprometimento dos movimentos populares nas nações doadoras. Somente isso poderá evitar as consequências que você delineia. Todas essas questões impõem sérios desafios aos ativistas.

Sem dúvida, se houver um cenário em que possamos prestar essa ajuda substancial — e de extrema necessidade —, os legisladores dos países ricos tentarão impor condições a fim de sujeitar os países contemplados às suas próprias prioridades, de forma semelhante ao que acontece com os termos exigidos pelo FMI. Mas voltamos à mesma questão. É possível que os movimentos populares atinjam uma escala e um nível de consciência suficientes para subverterem esses planos e garantirem a prestação de um auxílio genuíno, que facilite a difícil transição para políticas de energia sustentável? E assim por diante.

Bob, proponentes do Green New Deal como você falam com frequência em uma economia de "pleno emprego". Quais são as conexões entre a implementação de um Green New Deal global e o apoio a uma economia desse tipo?

RP: O compromisso com o pleno emprego deve ser entendido como algo totalmente compatível com (e até viabilizador de) um novo Green New Deal. Há muitas interconexões cruciais entre eles.

Uma economia de pleno emprego é, basicamente, aquela em que há abundância de trabalhos decentes disponíveis para todas as pessoas que buscam trabalho. Começando do ponto de vista individual, é muito importante para todos nós sermos capazes de arrumar um trabalho e, garantido isso, que esse trabalho ofereça salário e benefícios decentes, um ambiente limpo e seguro, e tratamento justo para nós e nossos colegas. A abundância de oportunidades de trabalho também é crucial para a saúde geral de uma economia. Conforme os índices de emprego sobem, sobe também o poder de compra total de uma economia, pois as pessoas passam a ter mais dinheiro no bolso para gastar. Isso significa mercados mais efervescentes, melhores oportunidades de negócio para pequenas e grandes empresas e fortes incentivos para o aumento de investimentos por parte de empreendimentos públicos e privados. Isso inclui investimentos na construção de uma economia verde. Uma economia com abundância de trabalhos decentes também promoverá oportunidades individuais e igualdade, porque esse tipo de economia oferece a todos a chance de prover a si e a suas famílias. Sendo assim, o pleno emprego também é a política mais eficaz para fomentar a igualdade social e econômica.

Após a Grande Depressão dos anos 1930, o New Deal original e a Segunda Guerra, o foco central das políticas econômicas no mundo todo era criar condições para o pleno emprego. Claro, o grau de comprometimento com essa meta variou substancialmente conforme o país e o grupo político no poder. Mas foi só com o período de inflação alta dos anos 1970 e a subsequente revolução neoliberal (marcada de maneira mais decisiva pelas eleições de Margaret Thatcher como primeira-ministra do Reino Unido em 1979, e de Ronald Reagan como presidente dos Estados Unidos em 1980) que o pleno emprego deixou de ocupar o centro das políticas econômicas, cedendo o espaço para uma estrutura mais voltada para Wall Street e os capitalistas globais. Essa mudança incluiu políticas macroeconômicas cujo foco central já não era o pleno emprego, mas a manutenção de baixos níveis de inflação, a redução do setor público (incluindo programas públicos de bem-estar social), o fim ou o enfraquecimento de leis trabalhistas, a eliminação de barreiras para o comércio internacional e, é claro, a desregulamentação dos mercados financeiros. Em particular, o compromisso neoliberal com a desregulamentação financeira se mostrou a causa mais direta do colapso de Wall Street entre 2007 e 2009 e da Grande Recessão.

A revolução neoliberal demonstrou de forma contundente um fato fundamental acerca do pleno emprego reconhecido pela primeira vez por Karl Marx por volta de 1867, no primeiro volume de *O Capital*, no famoso capítulo em que ele se referiu ao que chamou de "exército industrial de reserva". Marx argumentou que os capitalistas se oporiam ao pleno emprego justamente porque, com ele, a balança pesaria para o lado dos trabalhadores (e não para o deles) nas negociações. Os salários tendem a subir quando o exército industrial de reserva perde seus quadros, e o poder de barganha dos trabalhadores cresce na mesma proporção. Nesses cenários, também há tendência de encolhimento das margens de lucro.

É verdade que, na década seguinte à Grande Recessão, vimos a taxa oficial de desemprego cair de forma acentuada nos Estados Unidos, embora o fenômeno tenha sido mais brando em outros países de alta renda. O desemprego oficial no país, no início de março de 2020, era de apenas 3,5 por cento, contra mais de dez por cento no auge da Grande Recessão.[41] Mas o poder de barganha dos trabalhadores subiu muito pouco, mesmo durante essa fase de baixo desemprego registrada nos Estados Unidos. Isso se deve à conjunção de dois fatores: o exército industrial de reserva se expandiu, passando a incluir uma massa global de trabalhadores dispostos a aceitar empregos com salários muito mais baixos que o padrão estadunidense, e o movimento trabalhista nacional foi enfraquecido durante décadas de contínuos ataques políticos.

As políticas de pleno emprego contribuirão vigorosamente para um Green New Deal global viável em diversos níveis. Como observei antes, elas criarão um ambiente favorável de apoio aos investimentos necessários para a construção de uma economia de energia limpa. Elas também serão fundamentais para uma transição justa aos trabalhadores e comunidades que hoje dependem do setor de combustíveis fósseis, pois uma economia de pleno emprego é a melhor maneira de proteger os trabalhadores que perderão seus postos ao redor do mundo. Em uma economia como essa, os desafios enfrentados pelos trabalhadores desalojados são bastante amortizados, independentemente do motivo por que perderam seu posto, pois nessa conjuntura seria fácil encontrar uma nova vaga decente de trabalho. Ainda, os custos de um auxílio financeiro razoável aos trabalhadores demitidos, que recaem sobre o contribuinte, também são muito menores. Além disso, ao contrário de todas as versões da pauta neoliberal de austeridade, uma economia de pleno emprego tem mais chance de atrair novos investimentos, seja em energia limpa, seja em outros setores, para as comunidades que forem duramente afetadas pelo fim dos empregos ligados ao combustível fóssil.

Vimos que, em um Green New Deal global, os investimentos para a construção de uma economia de energia limpa serão uma grande força para a criação de empregos. Mas também devemos reconhecer que, sozinhos, os empregos gerados a partir de investimento de cerca de 2,5 por cento do PIB global em energias limpas não serão suficientes para alcançarmos e mantermos uma economia de pleno emprego. Esses investimentos do Green New Deal devem conseguir reduzir por si só as taxas oficiais de desemprego entre dois e três por cento na maioria dos países. É uma melhora substancial — por exemplo, reduziria o desemprego oficial na Espanha de catorze (valor de março de 2020) para, quem sabe, onze por cento, ou de 29 para 26 na África do Sul.[42] Mas, seja nesses, seja em outros países, ainda serão necessárias grandes intervenções políticas complementares se quisermos superar a atual hegemonia política neoliberal e estabelecer um compromisso sério com o pleno emprego.

A União Europeia (UE) lançou um ambicioso plano de Green Deal europeu para zerar as emissões no bloco formado por 27 países, hoje responsável por altas emissões. Mais especificamente, o plano, que envolve a reformulação de todos os principais aspectos das economias europeias, consiste em cortar as emissões de gases do efeito estufa em 55 por cento em relação aos níveis de 1990 até 2030, e atingir emissão zero até 2050. A presidente da Comissão Europeia, Ursula von der Leyen, referiu-se ao projeto como o "momento europeu homem na Lua". No entanto, o plano foi duramente criticado por muitas organizações ambientais e ativistas contra as mudanças climáticas, incluindo a jovem ativista sueca Greta Thunberg. Bob, como você avalia o Green Deal europeu, e como ele se compara à sua proposta para um Green New Deal global?

RP: Em termos de objetivos declarados, o Green Deal europeu é excelente. Sua meta de reduzir todas as emissões de gases estufa em 55 por cento até 2030 e zerá-las até 2050 está totalmente alinhada à meta de redução de emissões do IPCC. A União Europeia é, portanto, o único agrupamento de países que manifestou algum tipo de apoio oficial às metas do IPCC. O Green Deal europeu também enfatiza políticas de transição justa para os trabalhadores e comunidades que hoje dependem do setor de combustíveis fósseis e que, sem essas políticas de transição, sofrerão um duro impacto quando as empresas de combustíveis fósseis encerrarem suas atividades nos próximos vinte ou trinta anos.

Dito isso, ao olharmos além da retórica elegante e dos compromissos postos no papel, fica bem claro que o Green Deal europeu é lamentavelmente inadequado. Não há dúvida de que, na política, a quantidade de dinheiro que se está disposto a gastar com uma determinada questão costuma revelar a solidez do compromisso de atingir os objetivos declarados. De acordo com esse preceito, o Green Deal europeu ainda não é um projeto sério. Até agora, o projeto tem orçamento previsto de 1 trilhão de euros entre 2021 e 2030 (1,09 trilhão de dólares) para os custos totais, incluindo investimentos em energia limpa e programas de transição justa. A soma representa uma média de mais ou menos 100 bilhões de euros ao ano em gastos totais, o que equivale a apenas cerca de 0,5 por cento do PIB total da União Europeia ao ano entre 2021 e 2030. Cerca de metade desse dinheiro viria do orçamento do bloco europeu, enquanto a outra metade contaria com financiamento adicional de um conjunto de governos nacionais e investimentos privados.

De fato, como descrevi antes ao falar do projeto para um Green New Deal global, os investimentos em energia limpa necessários para batermos a meta de emissão zero até 2050 é de cerca de 2,5 por cento do PIB global ao ano. Mesmo se presumirmos que os países do bloco serão capazes de se virar com investimentos menores, de cerca de dois por cento do PIB anual, ainda seria preciso um orçamento anual de 2021 a 2030 de mais ou menos 400 bilhões de euros — em outras palavras, quatro vezes o montante proposto pela União Europeia em seu compromisso de gastos totais do Green Deal. A própria União alegou que as exigências orçamentárias para alcançar suas metas de redução até 2030 precisariam estar mais próximas de 300 bilhões de euros ao ano. É como se o bloco quisesse comunicar ao setor de combustíveis fósseis e seus aliados que o Green Deal europeu não é algo com que devam se preocupar muito.

Dito tudo isso, ainda não podemos nos dar ao luxo de descartar o Green Deal europeu de saída. Não é irrelevante o fato de que a União Europeia tenha ao menos se comprometido com o papel de alcançar as metas de redução de emissões do IPCC, chamando-o de seu "momento homem na Lua". Agora, o papel de todos aqueles verdadeiramente comprometidos com a salvação do planeta é converter essa retórica em um programa sério. Para que isso aconteça, será crucial continuarmos alertando o mundo no tom de voz mais alto possível de que (1) a Europa não precisará sacrificar postos de trabalho ou seu padrão de vida para atingir aquela que, agora, é a meta de redução de emissões tanto da União Europeia quanto do IPCC; e (2) construir uma infraestrutura de energia limpa economizará o dinheiro dos consumidores ao longo do tempo. O motivo é que os investimentos em eficiência energética, por definição, geram economia para os consumidores, e a produção de energia a partir de fontes limpas e renováveis já custa hoje o mesmo ou até menos do que a geração a partir de combustíveis fósseis ou fissão nuclear. Se conseguirmos pacificar esses argumentos, também poderemos defender o argumento legítimo de que um Green New Deal, seja na Europa, seja em qualquer lugar do mundo, é a resposta mais igualitária contra a perspectiva de mais décadas de austeridade, desigualdade crescente e menores oportunidades sob o neoliberalismo.

Bob, além de seu trabalho com o Green New Deal, você produziu estudos e propostas específicos para muitos estados estadunidenses, bem como para o país como um todo, e também para Índia, Espanha, Grécia e uma colônia, Porto Rico, entre outros. Levando em conta todos esses estudos individuais, o que você diria sobre o impacto das ações de qualquer estado ou país individual na corrida para salvar o planeta?

RP: É claro que alguns países sozinhos têm relevância muito maior, porque seus níveis de emissão, assim como sua participação no total de emissões globais, são desproporcionais. Há dois países em particular que importam mais sob esses parâmetros: a China, cujas emissões de CO_2 representam 27 por cento das emissões globais atuais, e os Estados Unidos, que respondem por outros quinze por cento. Assim, se somarmos as emissões dos dois países sozinhos, chegaremos a 42 por cento do total global. Mas podemos olhar para esses mesmos dados de um viés oposto: mesmo após somarmos os níveis de emissão de China e Estados Unidos, ainda restam 58 por cento do total de emissões globais. Podemos explorar ainda mais os índices de emissão de cada país e incluir todos os 27 países da União Europeia, além de China e Estados Unidos, acrescentando mais dez por cento ao montante final, totalizando 52 por cento das emissões globais entre China, Estados Unidos e União Europeia. Portanto, se prestarmos atenção apenas nessas três entidades, ainda estaremos negligenciando os países responsáveis por quase metade das emissões totais.

A questão é que, se realmente quisermos zerar as emissões globais até no máximo 2050, todos os lugares importam. Emissão zero significa *zero*, em todos os lugares. Se deixarmos de fora alguns países pequenos ou de baixa renda, ou estados pouco populosos dos Estados Unidos, onde traçaríamos a linha divisória de modo a garantir o cumprimento da meta?

O seguinte exemplo é ilustrativo: a Índia emite hoje 1,7 tonelada de CO_2 por pessoa, o que representa um oitavo da média *per capita* de emissões dos Estados Unidos. A disparidade reflete o fato de que a renda média na Índia é apenas três por cento da média estadunidense. Mas as emissões totais da Índia, de 2,2 bilhões de toneladas, ainda representam quase sete por cento do total global, pois dezoito por cento da população mundial vive na Índia.

Agora, vamos presumir que a economia indiana cresça três por cento ao ano até 2050 — uma taxa de crescimento que seria apenas metade do crescimento médio da Índia nos trinta anos anteriores —, mas que esse crescimento seja movido exatamente pela mesma matriz energética com base em combustíveis fósseis verificada nos três últimos anos. Nesse cenário, as emissões de CO_2 na Índia quase triplicariam, chegando a 5,5 bilhões de toneladas em 2050. Em outras palavras, a economia global não chegará nem perto de bater a meta de emissão zero até 2050 se permitir que uma única exceção como a Índia, um país de baixa renda, continue queimando petróleo, carvão e gás natural. Agora, multiplique os números do exemplo indiano por todos os países de baixa renda em todas as partes do mundo. Se permitirmos exceções ao padrão de emissão zero tendo como base os níveis atuais de renda de cada país, ou a população total, ou qualquer outra métrica, simplesmente acabaremos com a possibilidade de implementarmos um projeto de estabilização do clima com chances de sucesso.

Tendo reconhecido isso, é mais uma vez fundamental enfatizar que um projeto de Green New Deal para a Índia (ou Quênia, Senegal, Grécia, Espanha, Colômbia, Porto Rico e assim por diante) também deve ser um projeto capaz de aprimorar os padrões de vida das massas, ampliar as oportunidades de trabalho e fornecer ar, solo e água limpos em todos esses países. Sendo assim, o Green New Deal deve ser entendido como única configuração viável se quisermos evitar novas décadas sob as severas crises econômicas e a redução dos padrões de vida do neoliberalismo, bem como a elevação contínua das temperaturas médias globais.

Além da relação entre mudanças climáticas e desigualdade, também existe a questão da migração humana. De fato, muitos temem que, se não tomarmos medidas para dar conta do aquecimento global, o mundo testemunhará um processo migratório sem precedentes, especialmente do sul para o Ocidente. Mas esse cenário de pesadelo pode se concretizar mesmo durante o processo de adoção de fontes limpas e renováveis de energia para conter os efeitos da mudança climática. Nesse contexto, qual seria um regi-

me de imigração humano, mas que fosse realista para as nações ocidentais?

NC: É mesmo um cenário de pesadelo, e não há como dizer que ele pertence ao futuro. A ONU estima que atualmente há 65 milhões de refugiados no mundo em razão de violência, perseguição ou dos impactos do aquecimento global. As nações pobres estão enfrentando as agruras provenientes do imenso desafio de fornecer condições mínimas para a sobrevivência dessas pessoas. É o caso de Quênia, Uganda e Bangladesh. Os países ricos estão em polvorosa porque uma pequena fração do fluxo de refugiados pode respingar sobre eles e profanar sua pureza étnica. A Europa direciona fundos à Turquia para que o país impeça aqueles que fogem dos horrores no Oriente Médio (horrores sobre os quais as nações ocidentais têm boa dose de responsabilidade) de chegarem a Europa. A Europa também presta o que chama de "auxílio de desenvolvimento" para o país mais pobre do mundo, o Níger. Na realidade, trata-se do "desenvolvimento" de um sistema de segurança para interromper o êxodo de refugiados da África, e é pertinente lembrarmos que a Europa desempenhou um papel histórico na criação das mazelas do continente.[43] Enquanto isso, milhares morrem no Mediterrâneo, rechaçados pelas forças europeias ou pela decisão do continente de virar o rosto para o outro lado.

Muito disso também vale para a América do Norte. Todos devem estar familiarizados com os crimes atrozes de Trump, e não pretendo enumerá-los aqui. Eles conferem a crimes anteriores novos contornos de sadismo, à peculiar maneira desta gestão. Foi imposta a militarização da fronteira iniciada por Clinton à época da imposição do Nafta, apesar das objeções da maioria da população dos estados afetados. Já era sabido que o Nafta destruiria a agricultura mexicana, provocando um êxodo de refugiados. Por mais eficientes que sejam, os campesinos não são páreo para o agronegócio dos Estados Unidos com seus altos subsídios, assim como as empresas mexicanas não podem competir com os conglomerados que, pelos termos do Nafta, devem ter "tratamento nacional" (ao contrário dos mexicanos que migram para os Estados Unidos).

Mas isso é o de menos. Tampouco deveria ser necessário relembrar o terrível papel que os Estados Unidos desempenharam na destruição da América Central — mas, infelizmente, é. Com frequência, a imprensa publica artigos com retratos vívidos da situação de miséria que faz com que as pessoas fujam da Guatemala, inclusive muitas mulheres que fogem de um dos principais centros de feminicídio do planeta. Algumas dessas reportagens condenam o viés sádico da política de Trump de enviar os refugiados de volta para a Guatemala para que jamais cruzem as nossas fronteiras e, ao mesmo tempo, cortar o parco auxílio que oferecíamos ao país. Essas políticas também desprezam as patologias culturais enraizadas na sociedade guatemalteca, que se escondem por trás do crime e da violência.[44]

De alguma forma, contudo, essas reportagens conseguem negligenciar o fato de que a Guatemala vinha superando essas patologias sob a liderança dos presidentes Juan José Arévalo e Jacobo Arbenz durante sua década de reformas progressistas, entre 1944 e 1954 — "anos de primavera no país da tirania eterna", nas palavras de um poeta local. Meio milhão de pessoas receberam terras, incluindo indígenas, que pela primeira vez "tiveram terras oferecidas, em vez de tê-las roubadas", como escreve o pesquisador latino-americano Piero Gleijeses. "Um novo vento soprava sobre as terras interioranas da Guatemala. A cultura do medo perdia o controle sobre as grandes massas da população guatemalteca. Em um futuro não inatingível, ela poderia ter sumido de todo, tornando-se um pesadelo distante."[45]

Mas as coisas se dariam de outra forma. Em 1954, aconteceu algo, algo bastante familiar na América Latina. O colosso do norte entrou em cena, derrubou o governo e reempossou uma ditadura cruel e assassina. Desde então, Washington interveio de maneira regular para garantir o domínio brutal das elites guatemaltecas. As atrocidades atingiram seu ápice durante o regime assassino de Reagan, quando houve praticamente um genocídio no país; enquanto isso, o genial presidente dos Estados Unidos exaltava o pior dos monstros, Ríos Montt, mais tarde condenado por crime de genocídio, como um homem "totalmente dedicado à democracia" que era "caluniado" pelas organizações de direitos humanos. Quando o congresso interrompeu o fluxo direto de armas para esses assassinos em massa, os apoiadores de Reagan recorreram a outras fontes para contornar o problema, sobretudo à ditadura de extrema direita argentina, que também contava com forte apoio de Washington, e a Israel, sempre de prontidão para fornecer sua expertise repressora e colocar seus produtos militares a serviço do poder imperial, nesse caso fornecendo o equipamento padrão do exército guatemalteco.

Todas essas questões são omitidas nos relatos emocionados e evocativos sobre o sofrimento dos refugiados, que se desvencilham de práticas culturais deploráveis e da desintegração social, bem como da degradação ambiental cada vez mais intensa. Muito disso também é verdade na Europa, onde o cenário talvez seja ainda mais grotesco. O Papa Francisco está coberto de razão quando descreve a "crise de refugiados" como uma crise moral do Ocidente.

O que seria então "um regime de imigração humano, mas que fosse realista para as nações ocidentais?".

Na maioria dos casos, os refugiados não estão fugindo *para*, mas *de* algum lugar. Eles prefeririam permanecer em suas casas. O primeiro passo, portanto, é tornar isso viável — um imperativo moral, dado o papel que tivemos na destruição de seus países. O segundo passo é estabelecer procedimentos humanos de asilo. No momento, é difícil de imaginar até mesmo esses passos preliminares: tanto os Estados Unidos como a Europa estão fortemente comprometidos com o oposto disso. Mas mesmo que consigamos atingir esse mínimo de decência humana, isso mal será o início do que precisamos fazer para enfrentar esse pesadelo. Mais uma razão para dedicarmos o máximo de esforços à reconstrução das sociedades que o Ocidente destruiu, e a evitar a catástrofe ambiental que por si só já é um fator motivador relevante para a fuga dessas pessoas e, sem dúvida, irá se tornar ainda mais relevante em um futuro não distante, exceto se tomarmos medidas firmes.

4.
Mobilização política para salvar o planeta

Como as mudanças climáticas afetarão o equilíbrio global de poder?

NC: Depende do desenrolar do aquecimento global. Se as políticas e práticas continuarem a seguir o curso atual, a questão se tornará irrelevante. A vida social organizada entrará em colapso. Suponhamos que a sanidade prevaleça e perdure alguma ordem social viável. Nesse caso, dependerá muito da natureza dessa ordem. Os passos que precisam ser dados para salvarmos a vida na Terra de um cataclismo também podem induzir mudanças significativas na natureza das sociedades humanas e da consciência popular. Essa natureza poderia se tornar mais humana e justa em decorrência dos esforços de cooperação e solidariedade internacional que serão necessários para enfrentar esse desastre iminente, cenário em que o conceito de "equilíbrio global de poder" poderia se tornar obsoleto, ou ao menos significativamente mais brando em sua essência.

No entanto, vamos supor que não alcancemos esse estágio civilizatório, mas, ao mesmo tempo, empreendamos os passos necessários para conservar alguma forma de vida humana organizada. Então podemos esperar que o sul global sofra outro golpe. Grandes territórios podem se tornar quase inabitáveis: o sul da Ásia, o Oriente Médio e boa parte da África. E os ricos não escaparão. A Austrália corre sério risco, pois tem um criminoso à moda de Trump conduzindo o país para o desastre. A China tem problemas ecológicos graves. A Rússia é altamente vulnerável às mudanças climáticas e, ao contrário da China, faz muito pouco a respeito.

Por uma cruel ironia da história, o país que mais se dedicou a destruir o planeta seria, portanto, aquele com menor probabilidade de sofrer danos severos no curto prazo ou de ver ameaçada a hegemonia global que vem mantendo, sem maiores desafios, desde que saiu vencedor da Segunda Guerra — após uma mobilização militar que consumiu quase metade de seu PIB, muito mais do que seria necessário para alcançarmos a emissão zero de carbono dentro de umas poucas décadas e, assim, evitar uma completa catástrofe.

Por mais que seja doloroso especular como será o equilíbrio global de poder caso um nível decente de civilização mantenha-se intacto, é possível que ele não se estruture de forma muito diferente do que o visto no período posterior à Segunda Guerra, embora esse "poder" possa ser ainda mais feio do que foi no passado.

RP: De minha parte, tenho pouco a acrescentar aos cenários pessimistas de Noam, a não ser ressaltar sua primeira observação central: se, como diz Noam, "as políticas e práticas continuarem a seguir o curso atual", flertaremos com o desastre ecológico. De fato, essa observação é totalmente embasada pela edição recente da principal publicação da Agência Internacional de Energia (IEA, na sigla em inglês), o *World Energy Outlook* de 2019. Trata-se da mais abrangente e peremptória publicação de grande alcance no mundo todo. De acordo com essa edição, a IEA prevê que, se o mundo seguir no curso atual, que ela chama de "Atual Cenário de Políticas", as emissões globais de CO_2 não cairão *nada* até 2040 em comparação aos níveis atuais de 33 bilhões de toneladas — pelo contrário, elas aumentarão para 41 bilhões.

Ainda mais alarmante é a previsão da IEA para o que ela chama de "Cenário de Políticas Declaradas". Esse cenário pretende dar conta, nas palavras da IEA, das "políticas e medidas que governos ao redor do mundo já implementaram, bem como dos efeitos de políticas anunciadas, expressos pelos objetivos e metas oficiais".[1] Portanto, dentre outras considerações, o Cenário de Políticas Declaradas pretende levar em conta todos os acordos estabelecidos durante a Cúpula do Clima de Paris de 2015 promovida pela ONU. Após a conferência, todos os 196 países reconheceram formalmente os graves riscos impostos pelas mudanças climáticas e se comprometeram a reduzir substancialmente suas emissões. No entanto, a IEA estima que, mesmo sob o Cenário de Políticas Declaradas, as emissões de CO_2 não cairão *nada* até 2040; na realidade, subirão para 36 bilhões de toneladas. Em resumo, essas previsões da IEA fornecem um contraste vertiginoso com as metas do IPCC discutidas anteriormente, de reduzir as emissões globais de CO_2 em 45 por cento até 2030 (ou seja, para cerca de 18 bilhões de toneladas) e atingir emissão líquida zero até 2050. Assim, ao estudarmos esses números, é impossível não admitir que a descrição de Noam para o nosso destino, caso "as políticas e práticas continuem seguindo o curso atual", não tem nada de exagerada.

Mas e se, de alguma maneira, conseguirmos dar uma guinada para o cenário mais otimista de Noam, em que "a sanidade prevalecerá e perdurará alguma ordem social viável"? Esse cenário necessariamente traria grandes mudanças para o equilíbrio global de poder, além do benefício considerável de permitir que a vida humana na Terra continue mais ou menos da forma como a conhecemos. Para alcançarmos esse cenário otimista, precisamos realizar algumas façanhas, como acabar com a indústria global de combustíveis fósseis, entre outras. Isso subverteria completamente todas as configurações geopolíticas existentes que guardem qualquer relação com o petróleo, a começar, é claro, pelo Oriente Médio, mas que igualmente se propaga dali para o resto do mundo. O impacto para a macroeconomia seria imenso, interferindo nas maquinações do capital transnacional e dos grandes poderes estatais. Mas, como discuti antes, também surgiriam oportunidades para o florescimento de iniciativas energéticas de pequena escala de toda sorte no mundo inteiro, incluindo empreendimentos públicos, privados e cooperativos. Ainda mais importante, veríamos projetos para levar energia a custos acessíveis a cerca de 1 bilhão de pessoas, em sua maioria habitantes das zonas rurais de países de baixa renda que ainda hoje não têm acesso à eletricidade.

As possibilidades de políticas econômicas aumentariam muito em todos os países que dependem hoje da importação de combustíveis fósseis para manter suas economias funcionando. Esses países não precisariam mais seguir a linha neoliberal do FMI — isto é, ter como principal prioridade macroeconômica o sucesso no mercado de exportações globais e a contenção dos gastos domésticos. O FMI argumenta que essas medidas de austeridade são necessárias para garantir que os países importadores de energia sempre tenham dinheiro suficiente à mão para comprar suprimentos energéticos, de importância fundamental. Em uma era pós-combustíveis fósseis, esses países poderão, ao contrário, focar a construção de suas próprias infraestruturas de energia limpa e a expansão de oportunidades em geral dentro de suas economias domésticas.

Pelos mesmos preceitos, os países que hoje se beneficiam da exportação de petróleo sem dúvida precisarão se desapegar desse modelo econômico e trilhar rotas mais sustentáveis. Desafios consideráveis emergirão no curto prazo, mas será possível superá-los após um período inicial de ajustes. Na verdade, muitos países exportadores de energia percorrem hoje o chamado "percurso do recurso". Ou seja, eles organizam toda a sua economia em torno do dinheiro fácil proveniente da venda de energia. Os altos oficiais do governo que vendem favores para companhias petrolíferas estrangeiras ficaram muito acostumados às gratificações que recebem nesse modelo. Devido ao percurso do recurso, as economias exportadoras de energia quase nunca se saem melhor do que as importadoras de energia, segundo os indicadores econômicos padrão. Por exemplo, entre 2010 e 2015, as seis economias subsaarianas com balança comercial positiva no setor energético cresceram a taxas timidamente maiores que as dos 22 países que importavam mais do que exportavam.

Como a experiência com a pandemia de coronavírus e a resposta a ela nos ajuda — se é que ajuda — a esclarecer como deveríamos pensar a respeito das mudanças climáticas e da perspectiva de um Green New Deal global?

NC: No momento em que escrevemos este livro, a preocupação com a crise consome praticamente todas as atenções. É bem compreensível. Trata-se de uma crise grave, que perturba com intensidade a vida de todos. Mas ela passará, talvez depois de cobrar um preço horrendo, e nós vamos nos recuperar. Não teremos, no entanto, como nos recuperar do derretimento das camadas de gelo no Ártico, tampouco das outras consequências do pavoroso avanço do aquecimento global.

Nem todos estão ignorando essa crise existencial e seu avanço inexorável. Há sociopatas que continuam firmes em seus esforços incansáveis para acelerar o desastre. Como fizeram antes, Trump e seus asseclas continuam orgulhosos por liderarem a corrida rumo à destruição.

Enquanto os Estados Unidos se tornavam o epicentro da pandemia, em boa parte graças à sua inépcia, a seita da Casa Branca divulgou sua proposta orçamentária. Como esperado, eles pediram cortes ainda maiores para a saúde pública e a proteção ambiental e, para sermos francos, qualquer coisa que possa beneficiar a irrelevante população; com isso, pretendem destinar ainda mais recursos ao já inflado setor militar e à construção do Grande Muro de Trump. Para acrescentar mais um toque de sadismo, "o orçamento propõe um 'boom energético' nos Estados Unidos com base em combustíveis fósseis, incluindo o aumento da produção de gás natural e petróleo bruto".[2]

Enquanto isso, para colocar mais um prego no caixão que Trump e seus parceiros vêm preparando para a nação (e para o mundo), a Agência de Proteção Ambiental estadunidense, aparelhada pelos interesses corporativos, flexibilizou os padrões de emissões de veículos, ampliando assim a destruição ambiental e causando ainda mais mortes por poluição.

Também conforme esperado, as empresas de combustíveis fósseis assumem a dianteira dos reclames do setor corporativo por "uma teta" do Estado, solicitando novamente um generoso resgate público para salvá-las das consequências de suas próprias malfeitorias.

Em resumo, as classes criminosas são incansáveis em sua busca por lucro e poder, e pouco importam as consequências para os seres humanos. Seria um desastre se os seus esforços não fossem contidos, e mesmo sufocados, por aqueles que se preocupam minimamente com "a sobrevivência da humanidade". Não é hora de medir palavras por inadequada cordialidade. "A sobrevivência da humanidade" corre sério risco em nossa atual conjuntura, e estou citando um relatório interno vazado do JPMorgan Chase, o maior banco dos Estados Unidos, que se referia especificamente à política genocida de financiamento da produção de combustíveis fósseis do país.³

Um aspecto animador da crise que enfrentamos agora é o crescimento de organizações comunitárias voltadas para o auxílio mútuo. Elas poderiam servir de centro para confrontar os desafios de inédita gravidade que já estão erodindo as bases da ordem social. A coragem de médicos e enfermeiros, que trabalham sob as condições miseráveis impostas por décadas de insanidade socioeconômica, são um tributo à capacidade do espírito humano. Há caminhos que podem nos levar adiante. Não podemos deixar que as oportunidades passem.

RP: Além da observação fundamental que Noam enfatizou, há diversas outras intersecções entre a crise climática e a pandemia do coronavírus. Para começar, uma das principais causas subjacentes ao surto de Covid-19, e também de outras epidemias recentes como a do Ebola, a Febre do Nilo e o HIV, é a destruição de habitats naturais como consequência do desmatamento e dos avanços humanos decorrentes dele, bem como a perturbação dos habitats animais restantes por ondas de calor, secas e enchentes cada vez mais graves e frequentes. Como escreveu a jornalista de ciência Sonia Shah em fevereiro de 2020, a destruição dos habitats torna mais provável que espécies selvagens "entrem em contato próximo e recorrente com os assentamentos humanos que avançam sobre seus habitats recém-fragmentados. Esse tipo de contato próximo e recorrente permite que os micróbios que vivem em seus corpos migrem para os nossos, transformando micróbios animais benignos em mortíferos patógenos humanos".[4]

Também é provável que as pessoas expostas a níveis perigosos de poluição do ar enfrentem consequências significativamente mais graves para a saúde do que aquelas que respiram ar limpo. Aaron Bernstein, do Centro de Harvard para o Clima, Saúde e Meio Ambiente Globais, afirma que "a poluição do ar está fortemente relacionada ao risco de que as pessoas contraiam pneumonia e outras infecções respiratórias, e também à possibilidade de que fiquem mais doentes ao desenvolverem uma pneumonia. Um estudo feito com a SARS, causada por um vírus muito semelhante ao da Covid-19, descobriu que as pessoas que respiravam ar mais sujo tinham mais ou menos o dobro de chances de morrer por causa da infecção.[5]

Outro ponto abordado muitas vezes durante os piores meses da pandemia de Covid-19 foi o fato de que a resposta dos países que lidaram de forma relativamente eficaz com a crise, como Coreia do Sul, Taiwan e Cingapura, demonstraram que os governos são sim capazes de agir com eficácia e de forma decisiva em situações como essa. O número total de mortos por Covid-19 nesses países foi insignificante, e o retorno à vida normal ocorreu em pouco tempo após a imposição ágil de *lockdowns* pelos governos. A questão é que intervenções tão decisivas quanto essas poderiam garantir o sucesso do enfrentamento à crise climática nos lugares onde existe forte vontade política e os setores públicos são relativamente competentes.

Todos esses pontos de vista trazem elementos importantes e verdadeiros, mas devemos ter cuidado para não forçar demais o argumento. Por exemplo, alguns articulistas argumentaram que um lado positivo da pandemia seria o fato de que, em razão do *lockdown* da economia, o consumo de combustíveis fósseis e as emissões de CO_2 teriam naufragado junto com a atividade econômica, em geral, durante a recessão. Embora seja verdade, não vejo nenhuma lição positiva que possamos tirar disso e aplicar a um programa viável capaz de zerar as emissões líquidas até 2050. A meu ver, essa experiência demonstra por que a abordagem proposta pelos adeptos do decrescimento para reduzir as emissões não daria certo. Isto é, elas caíram acentuadamente por causa da pandemia e da recessão. Contudo, essa queda só aconteceu porque no mesmo período a renda despencou e o desemprego disparou. Assim, a experiência reforça, para mim, a conclusão que apresentei antes: o Green New Deal nos oferece a única via eficaz de estabilização do clima, uma vez que ele é a única proposta que não exige uma drástica contração (ou um "decrescimento") dos empregos e da renda para reduzir as emissões.

Dito isso, um desdobramento verdadeiramente positivo da pandemia e da recessão é o fato de que, em muitas partes do mundo, militantes progressistas lutaram para incluir investimentos no Green New Deal nos programas de estímulo de seus respectivos países. É fundamental continuarmos pressionando para garantir que essas iniciativas avancem e sejam bem-sucedidas. Para contribuir, é importante prestar bastante atenção na melhor forma de implementar diversos componentes de um projeto de Green New Deal. O objetivo aqui é maximizar tanto os benefícios de estímulo no curto prazo como os impactos de mais longo prazo dos programas previstos pelo acordo. Estou ciente da importância dessas reflexões por experiência própria, pois trabalhei no desenvolvimento das diretrizes de investimento verde no contexto do programa de amplos estímulos de Obama em 2009, que destinou 90 bilhões de dólares (de um total de 800 bilhões) a investimentos em energia limpa nos Estados Unidos. Os princípios por trás desses investimentos eram sólidos, mas as pessoas que trabalharam nos diversos estágios desse programa, o que me inclui, não calcularam de forma adequada e realista o tempo necessário para que muitos dos projetos entrassem em operação. Sabíamos que era fundamental identificar os projetos a "toque de caixa", isto é, aqueles que poderiam ser implementados depressa e em larga escala a fim de promover o crescimento econômico imediato. Mas, na época, havia relativamente poucos projetos de investimento verde que pudessem ser de fato implementados a toque de caixa. Um dos grandes motivos para isso é que, à época, a produção de energia verde ainda era um setor emergente. O histórico de novos projetos significativos era, portanto, escasso. De lá para cá, em quase todos os países do mundo, a evolução nesse sentido foi bastante modesta.

Isso significa que os desenvolvedores dos programas de estímulo do Green New Deal precisam identificar o subgrupo de projetos de investimento verde que, de forma realista, podem ser implementados em larga escala e em questão de meses. Um bom exemplo que provavelmente vale para a maioria dos países é a modernização da eficiência energética de todos os edifícios públicos e comerciais. Isso envolveria melhorar o isolamento térmico, selar os caixilhos das janelas e das portas, trocar todas as lâmpadas por LEDs e substituir os sistemas antigos de aquecimento e ar condicionado sempre que possível, de preferência por bombas de calor. Os programas desse tipo podem gerar muito rápido um alto número de vagas de secretários, motoristas de caminhão, contadores e engenheiros do clima, além de trabalhadores de construção civil. As iniciativas podem ainda trazer economias significativas de energia e, assim, reduzir as emissões depressa e a um custo relativamente baixo. A construção desses projetos a toque de caixa poderia alavancar os demais programas de investimento em energias limpas, fornecendo assim um alicerce forte para as economias saírem da recessão e seguirem um caminho de recuperação sustentável de longo prazo.

O ecossocialismo vem ganhando cada vez mais força enquanto princípio central do repertório ideológico dos partidos verdes em países europeus e em outros lugares. Tal-

vez seja por isso que eles atraem cada vez mais eleitores, sobretudo entre os jovens. O ecossocialismo é um projeto político suficientemente coeso para ser levado a sério enquanto alternativa para o futuro?

NC: Pelo que sei até o momento sobre o ecossocialismo (nada muito aprofundado), ele apresenta muitas sobreposições com outras correntes da esquerda socialista. Não acho que, no estágio em que nos encontramos, a adoção de um "projeto político" específico ajude muito. Precisamos resolver algumas questões cruciais agora mesmo. Nossos esforços deveriam ser guiados por diretrizes referentes ao tipo de sociedade futura que gostaríamos de ver, e isso pode ser construído, em parte e de muitas maneiras, a partir da sociedade existente. Já discutimos algumas dessas maneiras. Não há nada de errado em defender posições específicas sobre o futuro de maneira mais ou menos detalhada, mas por ora vejo isso como, no máximo, uma forma de aprimorar ideias, e não acho que devamos nos aferrar a isso.

É possível argumentar de forma convincente que algumas características inerentes do capitalismo conduzam à inevitável ruína ambiental e que o fim do capitalismo deve ser uma grande prioridade do movimento ambientalista. Mas o argumento tem um problema fundamental: a escala de tempo. É impossível desmantelar o capitalismo na janela de tempo de que dispomos para tomar medidas urgentes, e será preciso uma grande mobilização de toda a nação — na verdade, uma mobilização internacional — para evitarmos essa grave crise.

Além disso, toda essa discussão nos leva na direção errada. Os dois esforços, evitar o desastre ambiental e desmantelar o capitalismo em prol de uma sociedade mais livre, justa e democrática, podem ocorrer em paralelo. E, com uma organização popular em massa, podem chegar bem longe. Mencionamos alguns exemplos anteriormente, entre eles os esforços de Tony Mazzocchi para criar uma coalizão trabalhista capaz não apenas de desafiar o controle dos proprietários e gerentes no espaço de trabalho, mas também de se colocar na vanguarda do movimento ambiental, e discutimos a oportunidade desperdiçada de socializar setores centrais da indústria estadunidense. Não temos tempo a perder. A batalha pode e deve ser travada em todos os fronts.

Bob, a seu ver, o ecossocialismo pode coexistir com um projeto de Green New Deal? Caso contrário, que tipo de agenda político-ideológica seria necessária para gerar uma ampla participação política na batalha pela criação de um futuro verde?

RP: A meu ver, questões de ênfase e retórica à parte, o ecossocialismo e o Green New Deal são, em essência, o mesmo projeto. Ou, para ser mais específico, acredito que o Green New Deal, entendido da forma que o discutimos ao longo deste livro, oferece o único caminho para a estabilização do clima que também pode levar à expansão de boas oportunidades de trabalho e à elevação dos padrões de vida das massas em todas as regiões do mundo. O Green New Deal define, portanto, uma alternativa explícita e viável à economia da austeridade em nível global. Nos últimos anos, meus colegas e eu trabalhamos precisamente com essa questão (como implementar um Green New Deal em alternativa à economia da austeridade) no contexto de diferentes países como Espanha, Porto Rico e Grécia, além dos Estados Unidos. Para pôr as coisas em termos mais gerais: o Green New Deal é, segundo a minha visão, a única forma de alcançar a estabilização do clima e ao mesmo tempo reverter o crescimento da desigualdade e, assim, derrotar tanto o neoliberalismo global quanto a ascensão do neofascismo.

Não sei exatamente o que o "ecossocialismo" envolveria além do previsto para um Green New Deal. Ele implicaria o fim de toda propriedade privada de bens produtivos e sua conversão em propriedade pública? Como Noam sugeriu, alguém acredita seriamente que isso possa acontecer dentro da janela de tempo que ainda temos para estabilizar o clima, ou seja, em não mais de trinta anos? E temos certeza de que eliminar toda forma de propriedade privada seria viável, ou mesmo desejável, do ponto de vista da justiça social, isto é, do ponto de vista daqueles que lutam para melhorar o bem-estar da classe trabalhadora e dos pobres no mundo todo? Como lidaríamos com o fato de que a maioria dos ativos de energia já são de posse pública? Mais especificamente, como poderíamos ter certeza de que a transição completa para a propriedade pública resultaria por si só em emissão zero até 2050? Para mim, o desafio maior é tentar entender quais caminhos alternativos podem ser mais eficazes para a construção de sociedades verdadeiramente democráticas, igualitárias e ecologicamente sustentáveis, deixando de lado todos os rótulos e nos dispondo, como insistia o próprio Marx, a "criticar impiedosamente" tudo o que existe, incluindo todas as experiências comunistas/socialistas passadas e, a propósito, todos os autores, incluindo o próprio Marx. Não à toa, minha citação favorita de Marx é "não sou um marxista".

É verdade que, na discussão que travamos aqui, tocamos apenas superficialmente em outros "limites planetários" além da crise climática, incluindo poluição do ar e da água e perda de biodiversidade. Entendo que, além das mudanças climáticas, o movimento ecossocialista também dedica atenção considerável a essas outras questões ambientais de crucial relevância. Compartilho por completo de suas preocupações e vejo com bons olhos o foco que ele traz para essas questões. Neste espaço, nós nos concentramos na crise climática pela simples razão de que esse é o assunto de maior urgência.

O movimento de desobediência civil europeu, liderado pelos manifestantes da Extinction Rebellion e proposto como estratégia para enfrentar a crise climática e criar um mundo justo e sustentável, vem crescendo a pleno vapor, sobretudo entre jovens, mas, ao mesmo tempo, parece incomodar muitos cidadãos e talvez esteja até afastando o público em geral dessas pautas. Noam, você poderia compartilhar conosco sua opinião sobre a estratégia de desobediência civil em massa como forma de enfrentar a emergência climática?

NC: Eu me envolvi com a desobediência civil por muitos anos, em alguns períodos de forma muito intensa, e acho que ela pode ser uma tática sensata — às vezes. Ela não deve ser adotada somente porque sentimos algo muito forte em relação a uma questão e desejamos mostrar isso ao mundo. Essa tática pode ser apropriada, mas não é suficiente. É necessário pesar as consequências. A ação foi planejada de modo a convencer os outros e estimulá-los a pensar, a se unir à causa? Ou é mais provável que gere antagonismo e irritação, levando as pessoas a apoiarem o motivador de nosso protesto? Muitas vezes as reflexões táticas são objeto de desdém, relegadas como preocupações de mentes diminutas, não de um cara sério e cheio de princípios como eu. Mas é justamente o contrário. As avaliações táticas têm consequências humanas diretas. É uma preocupação muito ligada aos princípios. Não basta pensar: "Eu tenho razão, e se os outros não percebem isso, que pena". Atitudes assim já causaram danos graves.

Não estou respondendo à sua pergunta de forma direta porque não acho que exista uma resposta geral. Depende das circunstâncias, da natureza da ação planejada, das prováveis consequências que formos capazes de prever.

Bob, qual é sua posição a respeito disso?

RP: Eu acrescentaria apenas que, para ter alguma chance de nos aproximarmos de uma solução para a crise climática, toda tática deve ser pensada a sério, seja ela qual for. Isso vale para a desobediência civil. Mas também precisamos ter em mente que, se os atos da desobediência civil conseguirem, por exemplo, interromper estradas e o sistema de transporte público em um dia de semana, isso impedirá as pessoas de irem trabalhar, os pais de buscarem suas crianças na creche e os doentes de chegarem ao consultório médico. Essas consequências reforçarão uma imagem já bastante difundida, seja ela justa ou não, de que os ativistas do clima não se importam de verdade com a vida das pessoas comuns. Qualquer coisa que reforce essa imagem junto ao público em geral será politicamente desastrosa.

Na prática, essa visão já é alimentada quando ativistas do clima não demonstram um compromisso genuíno com programas justos de transição para trabalhadores e comunidades prejudicados pelo necessário encerramento das atividades da indústria global de combustíveis fósseis. Essa imagem é reforçada ainda mais quando os ativistas do clima defendem a imposição de taxas de carbono sem restituição de cem por cento para a maioria da população, a começar pelos setores de baixa renda. Essas restituições compensam as pessoas pelo aumento de seus custos de vida, que se refletirá em coisas simples como dirigir o carro ou usar energia elétrica em casa. O movimento dos Coletes Amarelos, surgido na França em 2018 para se opor à proposta de taxação de carbono do político completamente surdo que é o presidente Emmanuel Macron, é um dos casos mais evidentes disso.

Então, sim, sem dúvida devemos incluir a desobediência civil em nosso rol de táticas, contanto que tenhamos certeza de que ela será eficaz. Para considerá-la "eficaz", ela deve nos ajudar na implementação de um projeto de Green New Deal para zerar as emissões da economia global até 2050.

Como discutimos em diversos trechos deste livro, o neoliberalismo ainda predomina, e movimentos sociais neofascistas, ainda mais perigosos, encontram-se em ascensão. Nesse contexto, as perspectivas de motivar eleitores a exigirem níveis fundamentais de mobilização política contra a crise climática não são lá muito promissoras. Na realidade, parece que são sobretudo os jovens que vêm insistindo num combate às mudanças climáticas com a urgência necessária. O que vocês acham que seria necessário para reverter a situação e colocá-las como pauta prioritária no mundo todo? Noam, comecemos por você.

NC: Hoje em dia tornou-se quase obrigatório citar a observação de Gramsci em relação à prisão de Mussolini, quando o filósofo afirmou que "o velho está morrendo e o novo ainda não pode nascer; neste interregno, surge uma grande variedade de sintomas mórbidos". O que é bem compreensível. Ela vai direto ao ponto.

O neoliberalismo ainda pode ser o mantra da elite dominante, mas ele visivelmente tem vacilado. Seu impacto sobre a população em geral foi severo em quase todos os lugares. No momento, nos Estados Unidos, metade da população fecha o mês no negativo, enquanto 0,1 por cento detém mais de vinte por cento da riqueza — o mesmo que os noventa por cento de baixo —, e a tendência de concentração de riqueza vem crescendo, acompanhada por seu impacto direto sobre a deterioração do bem-estar social e do funcionamento democrático. Na Europa, em alguns sentidos, o impacto é ainda pior, embora amortecido de alguma forma pelos resíduos da social-democracia. E os sintomas mórbidos estão por todos os lados: raiva, ressentimento, racismo e xenofobia crescentes, ódio contra bodes expiatórios (imigrantes, minorias, muçulmanos...), ascensão de demagogos que atiçaram esses medos e tiraram proveito das patologias sociais que vêm à tona em tempos de confusão e desespero e, na arena internacional, emergência de uma internacional reacionária guiada pela Casa Branca e com a participação de figuras tão adoráveis como Bolsonaro, Mohammad bin Salman, al-Sisi, Netanyahu, Modi, Orbán e os demais. Mas esses sintomas mórbidos são contrabalançados pelo crescente ativismo em torno das mudanças climáticas e em muitos outros fronts. O novo ainda não nasceu, mas ele está emergindo de muitas maneiras intrincadas, e estamos longe de saber ao certo que forma ele assumirá.

Há muitos fatores imprevisíveis, mas algumas coisas podemos dizer com certeza: a não ser que o novo que vem tomando forma enfrente as duas iminentes ameaças gêmeas contra nossa sobrevivência, a guerra nuclear e a catástrofe ambiental, de forma intensa e urgente, o resto do que acontecer não terá muita importância.

Bob, o que você pensa a respeito disso?

RP: Vou começar com outro aforismo muito pertinente de Antonio Gramsci: "Pessimismo da razão, otimismo da vontade". Ou seja, se levarmos a ciência climática a sério e olharmos para o estágio em que o mundo se encontra hoje, a probabilidade de levarmos o mundo a um caminho viável de estabilização do clima (e especificamente de atingirmos a meta declarada do IPCC, de emissão zero de CO_2 até 2050) é, na melhor das hipóteses, meio capenga. Por outro lado, para evocarmos a famosa frase de Margaret Thatcher, "não existe alternativa", senão fizermos todo o possível para atingir essas metas exatas.

No que diz respeito ao "otimismo da vontade", podemos apontar para a maré em rápido crescimento do ativismo do clima que já nos presenteou com alguns grandes feitos. Os exemplos mais enfáticos incluem a Greve Global do Clima de setembro 2019, guiada pela notável adolescente sueca Greta Thunberg. Segundo estimativas, entre 6 e 7,5 milhões de pessoas participaram de várias ações em 4.500 localidades de 150 países.

A Greve do Clima reflete outras iniciativas ao redor do mundo de igual relevância, embora menos visíveis. Um desses casos foi o movimento bem-sucedido em países do Mediterrâneo ocidental, incluindo Espanha, França e Itália, pela proibição de novas iniciativas de exploração e perfuração de gás e petróleo e a interrupção gradual dos projetos já implementados. São façanhas políticas muito recentes, iniciadas por volta de 2016. No caso da Espanha, de 2010 a 2014, quando o país sofreu os abalos tardios da crise financeira e da Grande Recessão, agentes do governo emitiram mais de cem licenças para que empresas petrolíferas dessem início a novos projetos de exploração e perfuração no país. Mas os ativistas ambientais uniram forças com empresários do setor do turismo para organizar uma resistência bem-sucedida contra um plano de recuperação econômica baseado na exploração de combustíveis fósseis. Os esforços do governo para conter os efeitos da crise econômica com a abertura do país à exploração e perfuração de petróleo foi "um sonho ruim", nas palavras do prefeito da ilha espanhola de Ibiza. "Por sorte, nós acordamos", ele disse.[6] Esse tipo de ativismo climático, no âmbito do porta a porta, ocorreu em toda a Europa ocidental e levou a Comissão Europeia a estabelecer oficialmente seu projeto de Green Deal europeu. O objetivo mais amplo desse projeto para o continente inteiro é atingir a meta do IPCC de emissão zero até 2050. No início de 2020, o Conselho Europeu e o Parlamento Europeu votaram seu endosso ao projeto. Claro, é muito fácil para corpos legislativos aprovar resoluções. Se os europeus terão a força de vontade para levar em frente esses compromissos ainda é uma questão em aberto.

Avanços semelhantes também vêm ganhando força nos Estados Unidos, apesar do clima de debochado negacionismo do presidente Donald Trump. Assim, em junho de 2019, o estado de Nova York aprovou o mais ambicioso conjunto de metas climáticas do país, incluindo a instalação de uma matriz energética sem pegada de carbono até 2040 e uma economia de emissão zero até 2050. A iniciativa de Nova York segue o exemplo das medidas similares, embora menos ambiciosas até o momento, de outros estados do país, como Califórnia, Oregon, Washington, Colorado, Novo México e Maine.[7] Um dos principais fatores para esses avanços nos Estados Unidos no âmbito estadual é a participação crescente dos grandes movimentos trabalhistas na luta. Há casos em que os membros sindicais assumiram papéis de liderança. O fator-chave aqui é que agora essas medidas em nível estadual precisam incorporar programas sólidos de transição justa para os trabalhadores e comunidades cujo sustento depende do setor de combustíveis fósseis. Essas pessoas e comunidades enfrentarão grandes abalos em seus padrões de vida caso programas generosos de transição não sejam postos em prática. Ao trazer essa questão para o centro do movimento climático, os sindicatos estão honrando o legado do visionário líder trabalhista Tony Mazzocchi, que Noam discutiu anteriormente.

Na maioria dos países de média e baixa renda, os movimentos climáticos ainda são de proporção modesta. Mas há boas chances de que isso mude em breve, pois o ativismo está crescendo, assim como as coalizões entre ambientalistas, grupos trabalhistas e alguns setores empresariais que observamos hoje nos Estados Unidos e na Europa ocidental. Um motivador de mobilizações é o fato de que, em consequência da poluição do ar, praticamente todas as grandes cidades de países de média e baixa renda estão se tornando inabitáveis, o que inclui Deli, Mumbai, Xangai, Beijing, Lagos, Cairo e Cidade do México. Aman Sharma, jovem ativista participante da Greve do Clima em Deli, falou sobre isso ao jornal *The Guardian* em setembro de 2019: "Estamos aqui para reivindicar nosso direito de viver, nosso direito de respirar e nosso direito de existir, direitos dos quais estamos sendo privados por um sistema de políticas ineficientes que leva mais em consideração os objetivos industriais e financeiros do que os padrões ambientais".[8]

Um fator crucial para que o movimento avance, seja nos países em desenvolvimento, seja em outros lugares, será demonstrar de forma muito clara como a estabilização do clima está em perfeita consonância com a abertura de mais oportunidades decentes de trabalho, a elevação dos padrões de vida das massas e o combate à pobreza em todas as partes do mundo. Isso precisa ser entendido como proposta central de estruturação de um Green New Deal global. Sua implementação viável deve, portanto, ser compreendida como meio para que o "otimismo da vontade" ganhe vida e defina a política econômica para salvar o planeta.

Apêndice

Uma estrutura de financiamento para o Green New Deal global

Nível de investimentos para 2024 — Ano 1 do Ciclo de investimentos: 2,6 trilhões de dólares em investimentos públicos e privados, ao nível de 2,5% do PIB

Áreas de investimento em energia limpa

- *Energia limpa renovável: 2,1 trilhões de dólares*
  Eólica, solar, geotérmica, hidrelétricas de pequeno porte, bioenergia de baixa emissão

- *Eficiência energética: 500 bilhões de dólares*
  Edifícios, transporte, equipamento industrial, aprimoramento de rede e armazenamento de baterias

Fontes de financiamento público: 1,3 trilhão de dólares

- **Receita com taxação de carbono: 160 bilhões de dólares**
  25 por cento das receitas da taxação; 75 por cento restituído aos consumidores

- **Transferências de orçamentos militares: 100 bilhões de dólares**
  Seis por cento dos gastos militares globais

- **Compras de Títulos Verdes pelo Federal Reserve e pelo Banco Central Europeu: 300 bilhões de dólares**
  1,6 por cento do plano de resgate do Federal Reserve a Wall Street durante a crise financeira

- **Transferência de 25 por cento dos subsídios a combustíveis fósseis: 750 bilhões de dólares**
  Subsídios totais a combustíveis fósseis: 3 trilhões de dólares
  75 por cento dos fundos reservados para a redução dos preços de energia limpa ou transferências diretas de renda para domicílios de baixa renda

Fontes de financiamento privado: 1,3 trilhão de dólares

- **Políticas de incentivo a investidores privados**

  Compras governamentais

  Regulações
  Teto e taxação de carbono
  Diretrizes de energia renovável para as concessionárias

Padrões de eficiência energética para edifícios e veículos particulares

Subsídios a investimentos

Tarifas *feed-in*

Financiamento de baixo custo por meio de bancos verdes e bancos de desenvolvimento

Fonte: Robert Pollin, "An Industrial Policy Framework to Advance a Global Green New Deal". In: Arkebe Oqubay; Christopher Cramer; Ha-Joon Chang; e Richard Kozul-Wright (orgs.), *The Oxford Handbook of Industrial Policy*. Oxford, Reino Unido: Oxford Univesity Press, 2020.

Notas de fim

Capítulo 1.
A natureza das mudanças climáticas

1. A partir deste ponto, todas as perguntas de C. J. Polychroniou colocadas a Noam Chomsky e a Robert Pollin serão grafadas em itálico.

2. Fundado em 1945, na sequência dos bombardeamentos atômicos de Hiroshima e Nagasaki, o grupo de cientistas da Universidade de Chicago criou o Relógio do Juízo Final, que é reajustado no início de cada ano, como um símbolo da ameaça que o desenvolvimento nuclear impõe à humanidade, em que a meia-noite representaria o horário exato da destruição global.

3. Julian Borger, "Doomsday Clock Stays at Two Minutes to Midnight as Crisis Now 'New Abnormal'". *The Guardian*, 24 de janeiro de 2019.

4. Alexandra Bell e Anthony Wier, "Open Skies Treaty: A Quiet Legacy Under Threat". Arms Control Association, janeiro/fevereiro de 2019; Tim Fernholz, "What Is the Open Skies Treaty and Why Does Donald Trump Want It Canceled?". *Quartz*, 29 de outubro de 2019; Shervin

Taheran e Daryl G. Kimball, "Bolton Declares New START Extension 'Unlikely'". Arms Control Association, julho/agosto de 2019.

5. Theodore A. Postol, "Russia May Have Violated the INF Treaty. Here's How the United States Appears to Have Done the Same". *Bulletin of the Atomic Scientists*, 14 de fevereiro de 2019.

6. Thomas Edward Mann e Norman Jay Ornstein, "Finding the Common Good in an Era of Dysfunctional Governance". *Dædalus*, primavera de 2013.

7. Bradley Peniston, "The US Just Launched a Long-Outlawed Missile. Welcome to the Post-INF World". *Defense One*, 19 de agosto de 2019.

8. Grupo de Trabalho sobre o Antropoceno, "Results of Binding Vote by AWG". Subcomission on Quaternary Stratigraphy, 12 de maio de 2019.

9. Andrew Glikson, "Global Heating and the Dilemma of Climate Scientists". *ABC News*, 28 de janeiro de 2016.

10. Raymond Pierrehumbert, "There Is No Plan B for Dealing with the Climate Crisis". *Bulletin of the Atomic Scientists*, v. 75, n. 5, 2019, pp. 215-21.

11. Timothy M. Lenton, "Climate Tipping Points — Too Risky to Bet Against". *Nature*, v. 575, n. 7784, 2019, pp. 592-55.

12. "The Sixth Annual Stephen Schneider Award: Naomi Oreskes and Steven Chu". *Climate One*, 15 de dezembro de 2016. [Documento de áudio]

13. Damian Carrington, "'Extraordinary Thinning' of Ice Sheets Revealed Deep Inside Antartica". *The Guardian*, 16 de maio de 2019.

14. Oded Carmeli, "'The Sea Will Get as Hot as a Jacuzzi': What Life in Israel Will Be Like in 2100". *Haaretz*, 17 de agosto de 2019.

15. Id. Ibid.

16. Jeffrey Sachs, "Getting to a Carbon-Free Economy". *American Prospect*, 5 de dezembro de 2019.

17. Sondre Batstrand, "More than Markets: A Comparative Study of Nine Conservative Parties on Climate Change". *Politics & Policy*, v. 43, n. 4, 2015, pp. 538-61.

18. "Pompeo Says God May Have Sent Trump to Save Israel from Iran". *BBC News*, 22 de março de 2019.

19. John R. Bolton, "To Stop Iran's Bomb, Bomb Iran". *New York Times*, 26 de março de 2015.

20. Lisa Friedman, "Trump Rule Would Exclude Climate Change in Infrastructure Planning". *New York Times*, 3 de janeiro de 2020.

21. Livia Albeck-Ripka, Jamie Tarabay e Richard Perez-Pena, "'It's Going to Be a Blast Furnace': Australia Fires Intensify". *New York Times*, 2 de janeiro de 2020; "Anthony Albanese Backs Australian Coal Exports ahead of Queensland Tour". SBS, 12 de setembro de 2019; Sarah Martin, "Australia Ranked Worst of 57 Countries on Climate Change Policy". *The Guardian*, 10 de dezembro de 2019.

22. Tal Axelrod, "Poll: Majority of Republicans Say Trump Better President than Lincoln". *Hill*, 30 de novembro de 2019.

23. Jacob Mikanowski, "The Call of the Drums". *Harper's Magazine*, agosto de 2019.

24. Missão do IPCC. Disponível em seu site oficial: <ipcc.ch>.

25. O fenômeno foi documentado recentemente em um artigo de Alexander Petersen, Emanuel Vincent e Anthony Westerling, "Discrepancy in Scientific Authority and Media Visibility of Climate Change Scientists and Contrarians". *Nature Communications*, v. 10, n. 1, 2019, pp. 1–14.

26. Gernot Wagner e Martin Weitzman, *Climate Shock: The Economic Consequences of a Hotter Planet*. Princeton/Nova Jersey: Princeton University Press, 2015, pp. 74–75.

27. Ibid., p. 55.

28. Também conhecido, em português, como Sistema de Reserva Federal dos Estados Unidos, trata-se, em linhas gerais, do Banco Central estadunidense.

29. Disponível em: <https://www.econstatement.org/>.

30. Mark Lynas, "Six Steps to Hell". *The Guardian*, 23 de abril de 2007. O artigo tem como base o livro de 2007 *Six Degrees: Our Future on a Hotter Planet* (National Geographic Society), do mesmo autor.

31. IPCC, *Climate Change and Land: Summary for Policymakers*. O montante de 25 por cento é uma síntese de

todo o conjunto de resultados informados na página 10, seção A3 do estudo de 2019. Ver também a representação gráfica disponível na página 8.

32. Organização Internacional do Trabalho, *World Employment and Social Outlook*. Genebra: International Labour Office, 2018, p. 45. Disponível em: <https://www.ilo.org/global/research/global-reports/weso/greening-with--jobs/lang--en/index.htm>.

33. Noriko Hosonuma et al., "An Assessment of Deforestation and Forest Degradation Drivers in Developing Countries". *Environmental Research Letters*, v. 7, n. 4, 2012.

34. Rod Taylor e Charlotte Streck, "The Elusive Impact of the Deforestation-Free Supply Chain Movement". World Resources Institute, junho de 2018.

35. Stibniati Atmadja e Louis Verchot, "A Review of the State of Research, Policies and Strategies in Addressing Leakage from Reducing Emissions from Deforestation and Forest Degradation (REDD+)". *Mitigation and Adaptation Strategies for Global Change*, v. 17, n. 3, 2012, pp. 311–36.

36. Health Effects Institute, "How Clean Is Your Air?". State of Global Air, 2019.

37. James K. Boyce, *Economics for People and the Planet: Inequality in the Era of Climate Change*. Londres: Anthem Press, 2019, pp. 59–60.

38. Id. Ibid., p. 67.

Capítulo 2.
Capitalismo e a crise climática

1. Andrew Restuccia, "GOP to Attack Climate Pact at Home and Abroad". *Politico*, 7 de setembro de 2015.

2. O mandato de Kasich findou em 2019, quando o também republicano Mike DeWine ocupou o cargo.

3. Ben Geman, "Ohio Gov. Kasich Concerned by Climate Change, but Won't 'Apologize' for Coal". *Hill*, 2 de maio de 2012.

4. Christopher Leonard, *Kochland: The Secret History of Koch Industries and Corporate Power in America.* Nova York: Simon & Schuster, 2019, p. 394.

5. Christopher Leonard, "David Koch Was the Ultimate Climate Change Denier". *New York Times*, 23 de agosto de 2019.

6. Christopher Leonard, "David Koch"; "'Kochland': How David Koch Helped Build an Empire to Shape U.S. Politics & Thwart Climate Action". *Democracy Now!*, 27 de agosto de 2019.

7. Lisa Friedman, "Climate Could Be an Electoral Time Bomb, Republican Strategists Fear". *New York Times*, 2 de agosto de 2019; Pew Research Center, "Majorities See Government Efforts to Protect the Environment as Insufficient", 14 de maio de 2018; Nadja Popovich, "Climate Change Rises as a Public Priority. But It's More

Partisan Than Ever". *New York Times*, 20 de fevereiro de 2020.

8. Isaac Cohen, "The Caterpillar Labor Dispute and the UAW, 1991–1998". *Labor Studies Journal*, v. 27, n. 4, 2003, pp. 77–99.

9. Drew Desilver, "For Most U.S. Workers, Real Wages Have Barely Budged in Decades". Pew Research Center, 7 de agosto de 2018.

10. Ludwig von Mises, *Liberalismo*. São Paulo: LVM Editora, 2010.

11. Dwight Eisenhower, "Speech to the American Federation of Labor". *New York City*, 17 de setembro de 1952. Disponível em: <eisenhowerlibrary.gov>.

12. Connor Kilpatrick, "Victory over the Sun". *Jacobin*, 31 de agosto de 2017; Derek Seldman, "What Happened to the Labor Party? An Interview with Mark Dudzic". *Jacobin*, 11 de outubro de 2015.

13. John Bellamy Foster, "Marx's Theory of Metabolic Rift: Classical Foundations for Environmental Sociology". *American Journal of Sociology*, v. 105, n. 2, 1999, pp. 366–405.

14. Paul Bairoch, *Economics and World History: Myths and Paradoxes*. Chicago: University of Chicago Press, 1995, p. 54.

15. Dana Nuccitelli, "Millions of Times Later, 97 Percent Climate Consensus Still Faces Denial". *Bulletin of the Atomic Scientists*, 15 de agosto de 2019.

16. Ben Elgin, "Chevron Dims the Lights on Green Power". *Bloomberg Businessweek*, 29 de maio de 2014.

17. Michael Corkery, "A Giant Factory Rises to Make a Product Filling Up the World: Plastic". *New York Times*, 12 de agosto de 2019.

18. Graham Fahy, "Trump Refused Permission to Build Wall at Irish Seaside Golf Course". *Reuters*, 18 de março de 2020.

19. Juliet Eilperin, Bardy Ennis e Chris Mooney, "Trump Administration Sees a 7-Degree Rise in Global Temperatures by 2100". *Washington Post*, 28 de setembro de 2018.

20. Neil Barofsky, *Bailout: An Inside Account of How Washington Abandoned Main Street While Rescuing Wall Street*. Nova York: Free Press, 2012.

21. The Next System Project. Disponível em: <thenextsystem.org>.

22. Patrick Greenfield e Jonathan Watts, "JP Morgan Economists Warn Climate Crisis Is Threat to Human Race". *The Guardian*, 21 de fevereiro de 2020.

23. Kimberly Kindy, "Jeff Bezos Commits $10 Billion to Fight Climate Change". *Washington Post*, 17 de fevereiro de 2020.

24. Andreas Malm, *Fossil Capital: The Rise of Steam Power and the Roots of Global Warming*. Londres/Nova York: Verso, 2016.

25. Andreas Malm, "The Origins of Fossil Capital: From Water to Steam in the British Cotton Industry". *Historical Materialism*, v. 21, n. 1, 2013, p. 35.

26. Id. Ibid., pp. 33–34.

27. Friedrich Engels e Karl Marx, *The Communist Manifesto*. Organizado por L. M. Findlay. Peterborough: Broadview Editions, 2004, p. 65. (Edição brasileira: *Manifesto Comunista*. Tradução de Álvaro Pina e Ivana Jinkings. São Paulo: Boitempo, 1998.)

28. Credit Suisse Research Institute, *Global Wealth Report*, 2019.

29. Noah Buhayar e Jim Polson, "Buffett Ready to Double $15 Billion Solar, Wind Bet". *Bloomberg Business*, 10 de junho de 2014.

30. Andrew Bossie e J. W. Mason, *The Public Role in Economic Transformation: Lessons from World War II*. Roosevelt Institute, março de 2020.

Capítulo 3.
Um Green New Deal global

1. Como William Stanley Jevons reconheceu pela primeira vez em 1865, ampliar a eficiência energética também pode gerar "efeitos rebote", isso é, aumentar o consumo de energia em decorrência dos preços mais baixos. Mas como Pollin resumiu muito brevemente, é provável que esses efeitos rebote sejam modestos dentro do contexto de um projeto global focado na redução de emissões de CO_2 e na estabilização do clima. Dentre outros fatores, os níveis de consumo energético das economias avançadas estão pró-

ximos ao ponto de saturação no que diz respeito ao uso de eletrodomésticos e iluminação e, no que concerne ao transporte automotivo e ao aquecimento/resfriamento, o efeito rebote médio deve ficar entre dez e trinta por cento. Não há dúvidas de que os efeitos rebote tendem a ser significativamente maiores nos países em desenvolvimento. Portanto, é fundamental que todos os ganhos de eficiência energética sejam acompanhados de políticas complementares (como discutido na sequência), incluindo o estabelecimento de um preço sobre as emissões de carbono para desestimular o consumo de combustíveis fósseis. Além disso, expandir o fornecimento de energia limpa renovável permitirá níveis mais elevados de consumo energético sem implicar o aumento de emissões de CO_2. Robert Pollin, *Greening the Global Economy* (Cambridge, MA: MIT Press, 2015), 40-45.

2. Mara Prentiss apresenta comentários breves e relevantes a respeito desses temas em seu artigo "The Technical Path to Zero Carbon", publicado em 5 de dezembro de 2019 na *American Prospect*.

3. Ver Alicia Valero et al., "Material Bottlenecks in the Future Development of Green Technologies". *Renewable and Sustainable Energy Reviews*, n. 93, 2018, pp. 178-200.

4. O ocorrido foi documentado em Pieter van Exter et al., *Metal Demand for Renewable Electricity Generation in the Netherlands: Navigating a Complex Supply Chain*. Amsterdam: Universiteit Leiden & Copper8, 2018.

5. Troy Vettese, "To Freeze the Thames". *New Left Review*, n. 111, 2018, p. 66.

6. Mara Prentiss, op. cit.

7. Mark G. Lawrence et al., "Evaluating Climate Geoengineering Proposals in the Context of the Paris Agreement Temperature Goals". *Nature Communications*, v. 9, n. 1, 2018, pp. 1–19.

8. "Global Effects of Mount Pinatubo". NASA *Earth Observatory*. Disponível em: < https://earthobservatory.nasa.gov/images/1510/global-effects-of-mount-pinatubo>.

9. Mark G. Lawrence et al., op. cit. pp. 13–14.

10. James Hansen et al., "Nuclear Power Paves the Only Viable Path Forward on Climate Change". *The Guardian*, 3 de dezembro de 2015.

11. IEA, *World Energy Outlook*, 2019, p. 91.

12. Agência de Informação Energética dos Estados Unidos, *Nuclear Explained*. Disponível em: < https://www.eia.gov/energyexplained/nuclear/>.

13. Rachel Mealey, "TEPCO: Fukushima Nuclear Clean-Up, Compensation Costs Nearly Double Previous Estimate at $250 Billion". *ABC News*, 16 de dezembro de 2016; "FAQs: Health Consequences of Fukushima Daiichi Nuclear Power Plant Accident in 2011". Organização Mundial da Saúde (OMS), 2011.

14. Agência de Informação Energética dos Estados Unidos, "Levelized Cost and Levelized Avoided Cost of New Generation Resources in the *Annual Energy Outlook 2020*", fevereiro de 2020.

15. International Energy Agency (IEA), *World Energy Outlook*. IEA: 2019, p. 91.

16. Para uma boa fonte sobre o total de emissões, ver o artigo de Hannah Ritchie e Max Roser, "CO_2 and Greenhouse Gas Emissions", publicado pela primeira vez em maio de 2017 e revisado em 2019 em *Our World in Data*.

17. David Roberts, "Wealthier People Produce More Carbon Pollution — Even the 'Green' Ones". *Vox*, 1º de dezembro de 2017.

18. James K. Boyce, op. cit., p. 7.

19. Organização Meteorológica Mundial, *State of the Global Climate*, 2019.

20. Mercy Corps, "Quick Facts: Hurricane Maria's Effect on Puerto Rico"; Associated Press, "Hurricane Death Toll in Puerto Rico More Than Doubles to 34, Governor Says". *The Guardian*, 3 de outubro de 2017.

21. Ver Vernon W. Ruttan, *Is War Necessary for Economic Growth? Military Procurement and Technology Development*. Oxford: Oxford University Press, 2006.

22. Para uma solução eficaz para o problema distributivo através dos "dividendos de carbono", ver Boyce, op. cit. Rohit Azad e Shouvik Chakraboty desenvolvem a ideia de um programa igualitário de dividendos de carbono para a economia global em "The 'Right to Energy' and Carbon Tax: A Game Changer in India". India Program of the International Growth Centre (IGC), *Ideas for India*, 2019.

23. Ver, por exemplo, Preston Teeter e Jorgen Sandberg, "Constraining or Enabling Green Capability Development? How Policy Uncertainty Affects Organizational Responses to Flexible Environmental Regulations". *British Journal of Management*, v. 28, n. 4, 2017, pp. 649-65.

24. Ver Robert Pollin, Heidi Garrett-Peltier e Jeannette Wicks-Lim, *Clean Energy Investments for New York State: An Economic Framework for Promoting Climate Stabilization and Expanding Good Job Opportunities*. Amherst: Political Economy Research Institute da Universidade de Massachussets (Amherst), pp. 79-80.

25. James K. Boyce, *The Case for Carbon Dividends*. Cambridge: Polity Press, 2019.

26. Azad e Chakraborty propõem uma estrutura de restituição mais complexa, que recompensa os residentes de cada país conforme os níveis de emissão de sua nação em Rohit Azad e Shouvik Chakraborty, "Green Growth and the Right to Energy in India". *Energy Policy*, 2020.

27. Stockholm International Peace Research Institute, "World Military Expenditure Grows to $1.8 Trillion in 2018". *SIPRI for the media*, 29 de abril de 2019.

28. Better Markets, *The Cost of the Crisis*. bettermarkets.com, julho de 2015. No momento em que este livro está indo ao prelo, o Federal Reserve estadunidense está se comprometendo a dispender somas ainda maiores para contrabalançar o colapso econômico no país e no mundo provocado pela pandemia de Covid-19.

29. Martin Sandbu, "Lagarde's Green Push in Monetary Policy Would Be a Huge Step". *Financial Times*, 2 de dezembro de 2019.

30. David Coady et al., "How Large Are Global Fossil Fuel Subsidies?". *World Development*, n. 91, 2017, pp. 11–27. O estudo faz uma distinção entre os subsídios diretos aos combustíveis fósseis (o que denomina de subsídios "pré-fisco") e os subsídios "pós-fisco". Sua definição de subsídios pós-fisco inclui aqueles que cobrem os danos do aquecimento global, da poluição do ar e de externalidades dos veículos, o que compreende acidentes, congestionamentos e danos às estradas, estimando que esses subsídios representam mais ou menos seis por cento do PIB global. São cálculos valiosos. Mas, para as propostas de discussão sobre financiamento, a medida padrão dos subsídios pré-fisco (e de definição muito mais estrita) tem maior relevância.

31. Stephany Griffith-Jones, "National Development Banks and Sustainable Infrastructure; the Case of KfW". Global Economic Governance Initiative, 2016, p. 4. As conclusões de Griffith-Jones estão totalmente alinhadas com aquelas de outros pesquisadores. Por exemplo, em um relatório de 2013 sobre o mercado de eficiência energética, a IEA concluiu que "a Alemanha é uma líder mundial em eficiência energética. O banco estatal de desenvolvimento alemão KfW desempenha um papel crucial ao fornecer empréstimos e subsídios para investimentos em medidas de eficiência energética para edifícios e setores da indústria, que alavancaram fundos privados significativos" (*Energy Efficiency Market Report*, 2013, p. 149).

32. Como solução para uma política específica, Azad e Chakraborty propõem um programa de expansão rápida do fornecimento de energia renovável na Índia. A proposta inclui uma taxa de carbono cuja receita seria direcionada para investimentos em energia limpa renovável, a fim de fornecer energia elétrica gratuitamente a comunidades de baixa renda, muitas das quais ainda não têm acesso à eletricidade. Ver Rohit Azad e Shouvik Chakraborty, op. cit.

33. "Extreme Carbon Inequality: Why the Paris Climate Deal Must Put the Poorest, Lowest Emitting and Most Vulnerable People First". *Oxfam Media Briefing*, 2 de dezembro de 2015.

34. Chancel e Piketty descrevem diversas abordagens viáveis em Chancel e Thomas Piketty, *Carbon and Inequality: From Kyoto to Paris*. Paris: Paris School of Economics, 3 de novembro de 2015. Essas abordagens se somam àquelas descritas por Azad e Chakraborty citadas anteriormente.

35. Robert Pollin e Brian Callaci, "The Economics of Just Transition: A Framework for Supporting Fossil Fuel-Dependent Workers and Communities in the United States". *Labor Studies Journal*, v. 44, n. 2, 2019.

36. Ver, por exemplo, Lorraine Chow, "Germany Converts Coal Mine into Giant Battery Storage for Surplus Solar and Wind Power". *EcoWatch*, 20 de março de 2017.

37. Por exemplo, deixando de lado questões de ênfase e retórica, não discordo em quase nada de Tim Jackson e Peter Victor, "Unraveling the Claims for (and against)

Green Growth". *Science*, v. 366, n. 6468, 2019, pp. 950–51. Jackson e Victor são os dois principais economistas defensores do decrescimento.

38. Herman Daly e Benjamin Kunkel, "Interview: Ecologies of Scale". *New Left Review*, n. 109, 2018, pp. 81–104.

39. Sumiko Takeuchi, "Building toward Large-Scale Use of Renewable Energy in Japan". *Japan Times*, 8 de julho de 2019.

40. Aimee Picchi, "Total Trump Food-Stamp Cuts Could Hit up to 5.3 Million Households". *CBS News*, 10 de dezembro de 2019.

41. Em realidade, no momento em que estamos concluindo a edição deste livro (em meados de abril de 2020), o desemprego nos Estados Unidos decolou em razão da pandemia de Covid-19 e do consequente colapso econômico. Durante as duas últimas semanas de março e as duas primeiras de abril, os pedidos iniciais de seguro-desemprego atingiram 21,9 milhões, quase catorze por cento da força de trabalho do país. É uma taxa de desemprego não vista desde a Grande Depressão dos anos 1930, e mesmo então o crescimento do desemprego não ocorreu em velocidade sequer comparável ao que vemos hoje. Mas ainda é cedo para tirar qualquer conclusão mais ampla dessa experiência sem precedentes.

42. Novamente, os números da Espanha e da África do Sul não refletem o impacto da pandemia de Covid-19 para as condições empregatícias nesses países.

43. Remi Carayol, "Agadez, City of Migrants". *Le monde diplomatique*, junho de 2019.

44. Azam Ahmed, "Women Are Fleeing Death at Home. The U.S. Wants to Keep Them Out". *New York Times*, 18 de agosto de 2019; Kevin Sieff, "Trump Wants Border-Bound Asylum Seekers to Find Refuge in Guatemala Instead. Guatemala Isn't Ready". *Washington Post*, 16 de agosto de 2019.

45. Piero Gleijeses, *Politics and Culture in Guatemala*. Ann Arbor: University of Michigan Press, 1988.

Capítulo 4.
Mobilização política para salvar o planeta

1. IEA, *World Energy Outlook*, 2019, p. 751.

2. "What's in President Trump's Fiscal 2021 Budget?". *New York Times*, 10 de fevereiro de 2020.

3. Greenfield e Watts, "JPMorgan Economists Warn Climate Crisis Is Threat to Human Race". *The Guardian*, 2019.

4. Sonia Shah, "Think Exotic Animals Are to Blame for the Coronavirus? Think Again". *The Nation*, 18 de fevereiro de 2020.

5. "A Conversation on Covid-19 with Dr. Aaron Bernstein, Director of Harvard C-CHANGE". Center for Climate, Health, and the Global Environment, Harvard T. H. Chan School of Public Health, 2020.

6. Eurydice Bersi, "The Fight to Keep the Mediterranean Free of Oil Drilling". *The Nation*, 24 de março de 2020.

7. David Roberts, "New York Just Passed the Most Ambitious Climate Target in the Country". vox.com, 22 de julho de 2019.

8. Sandra Laville e Jonathan Watts, "Across the Globe, Millions Join Biggest Climate Protest Ever". *The Guardian*, 20 de setembro de 2019.

2ª reimpressão

Este livro foi composto em Noto Serif e HermanoAlto, e impresso pela Exklusiva Gráfica e Editora Ltda em papel offset 90g/m², em fevereiro de 2022.